LAURA SEEBACHER

LIEBESBISSCHEN

*Traumhaft backen
leicht gemacht!*

LIEBESBISSCHEN

Traumhaft backen leicht gemacht!

Autorin: Laura Seebacher
Fotos: Elissavet Patrikiou

Inhalt

Vorwort 6

Basics 10

Willkommen in der wunderbaren Welt der Kuchen und Torten! Hier finden Sie alles, was Sie für den Einstieg brauchen: wichtige Infos über Zutaten und Handwerkszeug und meine Grundrezepte für Teige und Glasuren. Dazu verrate ich Ihnen Tricks, damit auch die Deko aussieht wie vom Profi.

Kleine Sünden 26

Klein, aber oho: Wetten, dass auch Sie diesen Pralinen, Riegeln, Keksen und Cookies nicht widerstehen können? Cremig und schokoladig, knusprig und süß – Stück für Stück führen Sie diese Leckereien immer weiter hinein ins Zuckerparadies.

Süße Teilchen 48

Cakepops, Fairy Cakes oder Macarons: Allein schon die Namen verheißen traumhaft süße Wonnen. Klassiker, die ich besonders liebe, präsentiere ich Ihnen hier in neuem Gewand: ob Schaumküsse in der Waffel, Cheesecakes im Zylinder oder »blonde« Brownies.

DIE GU-QUALITÄTS-GARANTIE

Wir möchten Ihnen mit den Informationen und Anregungen in diesem Buch das Leben erleichtern und Sie inspirieren, Neues auszuprobieren. Bei jedem unserer Bücher achten wir auf Aktualität und stellen höchste Ansprüche an Inhalt, Optik und Ausstattung. Alle Rezepte und Informationen werden von unseren Autoren gewissenhaft erstellt und von unseren Redakteuren sorgfältig ausgewählt und mehrfach geprüft. Deshalb bieten wir Ihnen eine 100 %ige Qualitätsgarantie.

Darauf können Sie sich verlassen:
Wir legen Wert darauf, dass unsere Kochbücher zuverlässig und inspirierend zugleich sind. Wir garantieren:
- dreifach getestete Rezepte
- sicheres Gelingen durch Schritt-für-Schritt-Anleitungen und viele nützliche Tipps
- eine authentische Rezept-Fotografie

Wir möchten für Sie immer besser werden:
Sollten wir mit diesem Buch Ihre Erwartungen nicht erfüllen, lassen Sie es uns bitte wissen! Nehmen Sie einfach Kontakt zu unserem Leserservice auf. Sie erhalten von uns kostenlos einen Ratgeber zum gleichen oder ähnlichen Thema. Die Kontaktdaten unseres Leserservice finden Sie am Ende dieses Buches.

GRÄFE UND UNZER VERLAG
Der erste Ratgeberverlag – seit 1722.

Kuchen & Mini-Kuchen 78

Mit Glanz und Gloria! Ein üppiges Blütenbouquet aus Roter Bete, knackiger Macadamia-Karamell oder Möhrenschleifchen verhelfen den Kuchen in diesem Kapitel zu einem großen Auftritt. Und nicht minder verführerisch kommen schokoladige Lakritz-Tarteletts, gestreifte Limettentörtchen und ein rosenduftender Crêpes-Kuchen daher.

Haute Couture 110

Vorhang auf für die Meisterwerke: Torten mit schwungvollen Teerosen aus Frischkäsecreme, Spitzenblusen aus Fondant und extravagant gestylte Hochzeitstorten. Und selbst Kekse machen sich fein für die Cocktail-Party oder den Kaffeeklatsch.

Vorlagen 150
Register 156
Danksagung – Bezugsquellen 159
Impressum 160

Mein Herz schlägt für Kuchen

Vom Backen zu schreiben, ohne dabei zu sehr in den Zuckertopf der süßen Adjektive zu greifen, ist schwer, nein, es ist nicht machbar. Wenn es um Leidenschaft geht, neige ich zu Übertreibungen: Backen bedeutet für mich Liebe, Sehnsucht, Genuss und Freude. Wie viele Kinder habe ich mich schon früh für süße Sachen begeistert. Meine Prioritäten waren mit drei Jahren: Mama, Papa, Schwester, Lakritz. Wenn meine Oma mir Geld in die Hand drückte, wurde dieses sofort beim kleinen Kaufladen um die Ecke in köstliches Lakritz investiert. Und natürlich Schokolade! Hätte ich es mir aussuchen können, wäre Schokolade später mein Hauptnahrungsmittel geworden. Mein Vater scherzte oft, dass der Mann, der mich erobern wollte, nur eine Schokoladenspur zu sich legen müsste.

Meine Mama ist eine fantastische Köchin. Wir durften als Kinder viel in der Küche experimentieren und bekamen oft Neues zum Probieren. Gutes Essen spielte in unserer Familie immer eine große Rolle. Meist kamen nur abends

alle zusammen, aber umso schöner war es, im Winter bei Kerzenschein oder an einem lauen Sommerabend draußen im Garten gemeinsam zu essen. Auch meine Oma war als Hauswirtschaftslehrerin eine leidenschaftliche Köchin und ausgezeichnete Bäckerin: Die leckersten Kuchen und die schönsten Plätzchen kamen immer von ihr. Meine große Schwester Ella und ich waren in der Weihnachtszeit begeisterte Küchenelfen. Vor allem, wenn Mürbeteig gerührt wurde, konnten wir unsere Finger kaum aus der Schüssel lassen. Ich war fasziniert von der Magie des Ofens: Aus leckerem Teig wurde darin knuspriges, goldgelbes Gebäck. Bei Kuchen verwandelte sich die flüssige Konsistenz in ein weiches Kissen, auf das ich mich zu gerne gebettet hätte.

Cookie Couture

Eigentlich hätte mir damals schon klar sein müssen, welchen Berufsweg ich einmal einschlagen würde. Allerdings entschied ich mich nach dem Abitur erst einmal für die Welt der Mode. Ich studierte Textiles Management und verdiente mein Geld als Fotomodell. Das Backen blieb aber mein liebstes Hobby. Meine Diplomarbeit schrieb ich über das Thema »Sehnsucht«; es wurde das Konzept für einen »Koksladen unter den Aspekten des Retrotrends«. Der kleine Laden sollte »Cookie Couture« heißen und die Sehnsucht nach längst vergangenen Zeiten wecken – mit dem Duft von frisch gebackenen Keksen, der schönsten Erinnerung an meine Kindheit! Ich beschloss nach England zu gehen, um in der berühmten Kochschule »Le Cordon Bleu« in London eine Patissière-Ausbildung zu beginnen. So wurde die Leidenschaft mein Beruf und die Mode zu meinem Hobby. Nachdem ich mit meinem Diplom in der Tasche zurückkam, lernte ich Sebastian kennen, den »Mann meines Herzens« – nicht am Ende einer Schokoladenfährte, sondern während eines unvergessenen Aprilabends 2007.

Ich war kurz davor, ein Backatelier anzumieten, um individuelle Torten und Kekse unter dem Namen »Cookie Couture« herzustellen. Sebastian stand mir bei allem zur Seite und war nicht nur Feuer und Flamme für mich, sondern auch für meine Geschäftsidee. Ich fertigte nur auf Bestellung und arbeitete weiter als Modell für Film und Foto. Nach kurzer Zeit lief »Cookie Couture« sehr gut. Die Presse wurde auf mich aufmerksam, Artikel wurden gedruckt und es kamen immer mehr Kunden. Da ich allein in der Backstube war, konnte ich nur wenige Aufträge annehmen, aber täglich kamen mehr Anfragen. So beschlossen Sebastian und ich im Sommer 2008, ein Café zu eröffnen. Der kleine, versteckte Laden im Hamburger Schanzenviertel war schnell gefunden, und das Hauptprodukt sollte der gerade angesagte Cupcake sein. Den Namen des Cafés hatte Sebastians Bruder Phillip, ein sehr kreativer Werbekopf, schnell gefunden:

»Liebes Bisschen«

Es war natürlich klar, dass alles vor Ort selbst gefertigt wurde – durch die offene Backstube weht immer der wunderbare Duft von frisch Gebackenem. Häufig kommen Kunden, die nur durch diesen Duft angelockt werden. Es ist einfach schön, Menschen mit der eigenen Hände Arbeit glücklich zu machen. Der Lohn sind die zufriedenen Gesichter meiner Kunden, wenn sie mit einem hübschen Schächtelchen, gefüllt mit süßen Köstlichkeiten, mein Café verlassen. Wir wurden immer bekannter und die Produktpalette jeden Tag größer. Ich entwickelte immer mehr Rezepte, an denen ich ständig weiter feilte und die ich bis heute noch verbessere und verfeinere.

Mittlerweile ist der Laden zu klein geworden, all die wunderschönen Törtchen und Kuchen haben keinen Platz mehr in der Auslage. Mein Wunsch ist es, die leckeren Köstlichkeiten mit Ihnen zu teilen und auch Ihnen ein Lächeln ins Gesicht zu zaubern. Deshalb, liebe Leserin und lieber Leser, halten Sie mein erstes Backbuch in Ihren Händen.

Mein Backbuch

Dieses Buch soll mehr als »nur« eine Rezeptsammlung sein. Ich möchte Ihnen einen wichtigen Teil meiner Welt nahebringen, Sie mit der besonderen Atmosphäre in meiner Backstube vertraut machen, die ich so liebe. Natürlich beeinflusst mich das, was ich in meinem Alltag und auf Reisen schätzen gelernt habe: die Mode der Vierzigerjahre, die klare Moderne der Sechziger und Filme wie die des französischen Regisseurs Michel Gondry. All das sind Dinge, die mich neben köstlichen Zutaten und kulinarischen Erfahrungen inspirieren. Schließlich ist beim Backen alles erlaubt: Hier treffen klassische Rezepturen auf grafische Verzierungen, Modetrends werden erfunden oder weiterentwickelt. Backen ist modern und jung geworden; selbst gemacht und exklusiv, das ist heute Mode. Backen ist alles andere als altbacken, das möchte ich Ihnen mit meinen Kreationen zeigen.

Viel Spaß mit meinen Rezepten!
Ihre

Basics

Aller Anfang ist gar nicht schwer – und hoffentlich der Beginn einer langen Freundschaft zwischen Ihnen und meinem Backbuch.

Kleine Helfer

Für die meisten Rezepte reicht eine haushaltsübliche Backausstattung – mit Handrührgerät, Rührschüssel und Teigschaber sowie den gängigen Kuchenformen. Wenn es allerdings um eine aufwendigere Dekoration, nette Backformen oder besondere Techniken geht, kommen Sie um ein paar spezielle Küchenutensilien nicht herum. Sie erhalten diese unersetzlichen Helfer in gut sortierten Haushaltswarenläden oder im Internet.

ALLE UTENSILIEN IM ÜBERBLICK:

1 Die klassische Palette und die raffinierte »Knick-Palette«: Zum Einstreichen von Torten und Glätten von Füllungen und Glasuren. **2 Rollstab:** Ich bevorzuge einen Silikon-Rollstab, an dem nichts kleben bleibt. Meine Empfehlung: Nehmen Sie gleich ein großes Exemplar! **3 Pralinengabel:** Hilfreich, um Schokoladenriegel oder Pralinen in flüssige Kuvertüre zu tunken. **4 Schokoladen-Strukturfolie:** Heißt auch 3D-Relieffolie, ist wiederverwendbar und mit verschiedenen Mustern erhältlich. Mit ihr bekommen Riegel, Pralinen & Co. einen professionellen Look. **5 Kerntemperaturfühler:** Wichtig, um die exakte Temperatur von Sirup oder Karamell zu kontrollieren. Früher verwendete man dafür ein Zuckerthermometer (rechts im Bild), das aber mit seinem Messbereich von 40 – 200° bei niedrigen Temperaturen (für Kuvertüre) nicht einsetzbar ist. **6 Spritzbeutel mit Loch- und Sterntülle:** Gibt es aus Stoff und Plastik, ich verwende meist Einmalspritzbeutel. Für Tüllen ist Edelstahl das beste Material. Einen Einmalspritzbeutel einfach vorne knapp abschneiden und die Masse ohne Tülle aufspritzen. **7 Garnierkämme:** Plastikschaber mit verschiedenartig gezacktem Rand – für das perfekte Finish einer Torte! **8 Kuchenrandfolie:** Hilfreiche Folienstreifen für einen schönen Tortenrand, bestehen aus lebensmittelechtem PVC. In England heißen sie »acetate strips«. **9 Backrahmen und -ringe** sollten in der Größe flexibel einstellbar und von guter Qualität sein. Dessertringe in unterschiedlicher Größe benötigen Sie für Törtchen. **10 Silikonmatte:** Eine Art Dauerbackfolie, alternativ zu Backpapier zu verwenden. Gibt es in verschiedenen Größen, man kann sie aber auch selbst zuschneiden. **11 Waffelhorn:** Unentbehrlich zum Formen von Eistüten aus Hippenteig. Erhältlich aus Edelstahl, Plastik oder klassisch aus Holz.

So wird es richtig süß

Hier stelle ich Ihnen ein paar besondere Zutaten vor – sie werden Ihnen im Buch immer wieder begegnen. Einige sind nicht ganz handelsüblich und nur über Spezialanbieter zu bekommen. Aber auch das ist kein Problem: Im Anhang des Buches finden Sie die entsprechenden Bezugsquellen, bei denen Sie ganz bequem übers Internet bestellen können. Eine gute Vorabplanung ist deshalb bei einigen Rezepten sehr wichtig!

ALLE ZUTATEN IM ÜBERBLICK:

1 Rollfondant (Massa bianca): Fertige Fondantmasse zum Eindecken von Torten sowie für die Herstellung von Dekorationen. **2 Lebensmittelfarbe:** Ist häufig das i-Tüpfelchen bei der Dekoration, gibt es flüssig, als Gel oder in Pulverform (auch in Metallic und Gold). Für Schokolade und Kuvertüre nimmt man fettlösliches Farbpulver (Kakaofarben). Wer künstliche Farbstoffe nicht verträgt, kann auch mit Spinatpulver, Rote-Bete- oder Blaubeersaft schöne Farben zaubern. **3 Kuvertüre:** Weiße besteht nur aus Kakaobutter, Milchpulver und Zucker, Zartbitter und Vollmilch enthalten zusätzlich Kakaomasse in verschiedenen Anteilen. Achten Sie auf gute Qualität – hier gibt es große Unterschiede im Geschmack und bei der Schmelzeigenschaft. Praktisch zum Abwiegen und Schmelzen sind Kuvertüre-Chips! **4 Agar-Agar:** Ein tolle pflanzliche Alternative (aus Algen) zu klassischer Gelatine. 1 g Agar-Agar ersetzt ca. 1 Blatt Gelatine. **5 Nonpareilles:** Die kleinen Liebesperlen gibt es in vielen verschiedenen Farben und Größen. **6 Blattgold:** Eine edle, aber auch teure Dekoration für ganz besondere Anlässe! Erhältlich im Bastelbedarf. **7 Tonkabohnen:** Ein tolles, sehr intensives Gewürz aus dem Samen eines karibischen Baums. Das Aroma erinnert an Schokolade, Mandeln, Vanille – köstlich! **8 Matcha-Pulver:** Matcha ist ein fein gemahlener Grüntee mit intensiv grüner Farbe und leicht herbem Geschmack. **9 Pralinen-Hohlkörper:** Erhältlich in verschiedenen Formen, Größen und Kuvertüresorten. **10 CMC oder Tragant:** CMC ist ein Verdickungsmittel und Stabilisator und sorgt für eine bessere Bindung, wenn man filigrane Ornamente herstellen möchte. Tragant ist ein pflanzliches Binde- und Verdickungsmittel. **11 Getrocknete Blüten (Rosen, Lavendel):** Ich bringe gerne Lavendel aus Südfrankreich mit. Ein toller Optik- und Aromakick!

Vanille-Rührteig

Dieser Teig ist ein echter Allrounder! Er ist perfekt für Tortenböden, Cupcakes oder Cakepops und lässt sich mit Gewürzen, gehackten Nüssen oder kleinen Frucht- oder Schokoladenstücken nach Belieben abwandeln.

Für 1 Springform (18 cm Ø; ergibt 2 Tortenböden) oder 24 Muffins

ZUTATEN:
325 g Mehl · Salz
3 ½ TL Backpulver
210 g weiche Butter
315 g Zucker
3 Eier · 1 Eigelb
1 Vanilleschote
275 ml Milch (3,8 % Fett)

Zubereitung: 30 Min.
Backen: 45 bzw. 25 Min.
Schwierigkeit:

WICHTIGE UTENSILIEN: 2 Rührschüsseln // Mehlsieb

1. Alle Zutaten abwiegen. Das Mehl mit 1 Prise Salz und Backpulver in eine Schüssel sieben (Bild 1). Die Butter und den Zucker mit den Schneebesen der Küchenmaschine oder des Handrührgeräts in der zweiten Schüssel schaumig rühren (Bild 2).

2. Die Eier und das Eigelb einzeln unter die Butter-Zucker-Mischung rühren (Bild 3). Die Vanilleschote längs aufschlitzen, das Mark mit einem scharfen Messer herauskratzen und unter den Teig rühren.

3. Die Mehlmischung abwechselnd mit der Milch in fünf Schritten mit dem Teigschaber unterrühren (zuerst Mehl, dann Milch, dann wieder Mehl, Milch und Mehl). Der Teig sollte glatt gerührt sein, darf aber nicht zu lange bearbeitet werden, sonst wird er zäh (Bild 4).

4. Nach Belieben den Teig in eine eingefettete Springform füllen und bei 175° (Umluft) ca. 45 Min. backen. Nach dem Auskühlen für Tortenböden horizontal halbieren. Oder den Teig in die gefetteten Mulden von zwei 12er-Muffinblechen füllen und bei 175° (Umluft) ca. 25 Min. backen. Alternativ den Teig wie im jeweiligen Rezept beschrieben backen.

Schokoladen-Rührteig

Diesen Teig sollten Schokoholics dringend in ihrem Repertoire haben. Er lässt sich ebenfalls nach Belieben variieren, besonders gerne mag ich ihn mit Himbeeren – oder ganz einfach pur!

1. Alle Zutaten abwiegen. Das Mehl mit Kakao, Natron und 1 Prise Salz in eine Schüssel sieben (Bild 1). Die weiche Butter und die beiden Zuckersorten mit den Schneebesen der Küchenmaschine oder des Handrührgeräts in der zweiten Schüssel schaumig rühren.

2. Die Eier einzeln unter die Butter-Zucker-Mischung rühren. Die Vanilleschote längs aufschlitzen, das Mark mit einem scharfen Messer herauskratzen und unter den Teig rühren (Bild 2).

3. Die Mehlmischung abwechselnd mit der Buttermilch in fünf Schritten unterrühren (zuerst Mehl, dann Buttermilch, dann wieder Mehl, Buttermilch und Mehl; Bild 3). Der Teig sollte glatt gerührt sein, darf aber nicht zu lange bearbeitet werden, sonst wird er zäh (Bild 4).

4. Nach Belieben den Teig in zwei eingefettete Springformen füllen, bei 175° (Umluft) ca. 35 Min. backen und für Tortenböden jeweils horizontal halbieren. Oder den Teig in die gefetteten Mulden von zwei 12er-Muffinblechen sowie 12 Mini-Muffinsförmchen füllen und bei 175° (Umluft) ca. 25 Min. backen. Alternativ den Teig wie im jeweiligen Rezept beschrieben backen.

Für 2 Springformen (à 18 cm Ø; ergibt 4 Tortenböden) oder 24 normale + 12 Mini-Muffins

ZUTATEN:

260 g Mehl · 75 g Kakaopulver
1 ½ TL Natron · Salz
175 g weiche Butter
100 g Zucker
225 g brauner Zucker · 3 Eier
1 Vanilleschote
300 g Buttermilch

Zubereitung: 30 Min.
Backen: 35 bzw. 25 Min.
Schwierigkeit:

WICHTIGE UTENSILIEN: 2 Rührschüsseln // Mehlsieb

Wiener Biskuit

Das Geheimnis von Wiener Biskuit? Er wird mit zerlassener Butter zubereitet. Dadurch ist er fester und eignet sich gut für große Torten mit viel Füllung. Außerdem bleibt er lange saftig und frisch.

Für 1 Springform (26 cm Ø; ergibt 3 Tortenböden)

ZUTATEN:
10 Eier
300 g Zucker
300 g Mehl
250 g zerlassene Butter
etwas abgeriebene Bio-Zitronenschale oder ausgekratztes Vanillemark (nach Belieben)

Zubereitung: 30 Min.
Backen: 1 Std.
Schwierigkeit:

1. Alle Zutaten abwiegen (Bild 1). Die Eier und den Zucker in die Metallschüssel geben. Mit dem Schneebesen von Hand über dem heißen Wasserbad schaumig rühren, bis sich der Zucker aufgelöst und die Masse eine handwarme Temperatur erreicht hat.

2. Die Schüssel vom Wasserbad nehmen und die Masse mit den Schneebesen der Küchenmaschine oder des Handrührgeräts ca. 10 Min. aufschlagen. Die Masse sollte dann nur noch lauwarm sein, eine hellgelbe Farbe besitzen und stark an Volumen zugenommen haben (Bild 2).

3. Das Mehl in die Schüssel sieben und in drei Schritten mit dem Teigschaber vorsichtig unterheben (Bild 3). Die Masse sollte glatt sein – rühren Sie nicht zu lange, sonst verliert der Biskuit seine Luftigkeit.

4. Anschließend die zerlassene Butter ebenfalls mit dem Teigschaber vorsichtig unter die Masse ziehen (Bild 4). Der Biskuit lässt sich in diesem Schritt nach Belieben mit abgeriebener Zitronenschale oder Vanillemark aromatisieren. Nach Belieben den Teig in eine eingefettete Springform füllen, bei 175° (Umluft) 55 – 60 Min. backen und für Tortenböden zweimal horizontal durchschneiden. Alternativ den Teig wie im jeweiligen Rezept beschrieben backen.

Tipp Für klassischen Biskuit dritteln Sie das Rezept und lassen die zerlassene Butter am Ende einfach weg. Dieser Biskuit eignet sich beispielsweise für einen lockeren Obstkuchenboden. Dazu den Teig in eine eingefettete Springform füllen und bei 175° (Umluft) 25 – 30 Min. backen. Sie können den Boden bereits 1 Tag im Voraus backen und kurz vor dem Servieren mit Obst nach Wahl belegen.

WICHTIGE UTENSILIEN: Metallschüssel // Wasserbad // Rührschüssel // Mehlsieb

Mürbeteig

Dieser Teig ist wundervoll buttrig und zart, ideal für Kekse oder süße Tartes. Für ein perfektes Ergebnis sollte er gut durchkühlen, ich bereite ihn daher immer am Vortag zu. Reste können 2 Wochen eingefroren werden.

Für 10 – 12 Tarteletts (à 6 cm Ø) oder 30 – 40 Kekse

ZUTATEN:
600 g Mehl
400 g kalte Butter
½ Vanilleschote
300 g Zucker · 2 Eier
abgeriebene Schale von 1 Bio-Zitrone

Zubereitung: *25 Min.*
Kühlen: *mind. 2 Std.*
Backen: *12 Min.*
Schwierigkeit: 🧁🧁🧁

WICHTIGE UTENSILIEN: große Rührschüssel // Mehlsieb // kleine Schüssel

1. Alle Zutaten abwiegen (Bild 1). Das Mehl in die große Schüssel sieben, die Butter in Würfeln dazugeben und mit den Händen rasch unterkneten (Bild 2). Der Teig sollte danach aussehen wie kleine Brotkrümel (Bild 3).

2. Die Vanilleschote längs aufschlitzen und das Mark mit einem scharfen Messer herauskratzen. Den Zucker und das Vanillemark zum Teig geben und mit den Händen vorsichtig unterkneten. Die Eier und die Zitronenschale in der kleinen Schüssel mit einer Gabel leicht verquirlen.

3. In die Mitte der Mehl-Butter-Mischung eine kleine Mulde drücken. Die Ei-Zitronenschalen-Mischung hineingießen und alles mit der Gabel mischen, bis große Klumpen entstanden sind. Dann alles mit den Händen zu einem weichen, homogenen Teig verkneten (Bild 4).

4. Den Mürbeteig in Frischhaltefolie wickeln und mind. 2 Std. – oder besser über Nacht – kühl stellen. Danach aus dem Teig nach Belieben 10 – 12 Tarteletthböden oder Kekse ausschneiden und bei 175° (Umluft) 8 – 12 Min. backen. Alternativ den Teig wie im jeweiligen Rezept beschrieben backen.

Fondant

Fondant wird häufig als Guss für Petit Fours, Muffins oder Torten verwendet. Er ist im Gegensatz zu Zuckerguss schön dick und lässt sich ganz einfach zu Hause herstellen. Ich liebe Fondant und benutze ihn für viele Rezepte in diesem Buch.

1. Alle Zutaten abwiegen (Bild 1). Den Puderzucker mit 65 ml Wasser und dem Glukosesirup im Topf unter Rühren erhitzen (Bild 2). Nach Belieben noch eine Lebensmittelfarbe dazugeben und gleichmäßig verrühren (Bild 3).

2. Den Fondant auf 45° erwärmen, auf keinen Fall höher als 49°, sonst verliert er beim Trocknen seinen Glanz (mit Kerntemperaturfühler prüfen!). Den Fondant wie im jeweiligen Rezept beschrieben verwenden oder luftdicht verschlossen und kühl bis zu 2 Wochen aufbewahren. Sie müssen ihn vor dem Verarbeiten nur wieder verflüssigen.

3. Fondant wird schnell fest, zum Bestreichen oder Überziehen muss er daher immer wieder verflüssigt werden. Dazu die gewünschte Menge zuerst erwärmen (nicht über 38°, mit Kerntemperaturfühler prüfen!) – in einem Topf auf dem Herd (Bild 4) oder in einer Plastikschüssel in der Mikrowelle. Falls nötig, noch tropfenweise etwas Wasser unterrühren, die Konsistenz soll allerdings nicht zu flüssig werden.

Für ca. 450 g

ZUTATEN:
375 g Puderzucker
15 ml Glukosesirup
Gel-Lebensmittelfarbe
 (nach Belieben)

Zubereitung: 20 Min.
Schwierigkeit:

WICHTIGE UTENSILIEN: Topf // Kerntemperaturfühler

BASICS

Blüten aus Rollfondant

Zuckerblüten aus Rollfondant sind leicht zu machen und eine kleine Ewigkeit haltbar. Deshalb stelle ich immer gleich mehr her, als ich wirklich brauche. Sie sind eine tolle Dekoration für jedes erdenkliche Gebäck!

1. Für eine einfache Blütendekoration 1 Prise CMC oder Tragant (siehe S. 15) zu ca. 100 g Rollfondant geben und in einer Rührschüssel oder auf der Arbeitsfläche mit den Händen gründlich verkneten.

2. Die Rollfondantmasse nach Belieben mit wenig flüssiger Lebensmittelfarbe einfärben und mit etwas Pflanzenfett (z. B. Kokosfett) verkneten, bis sie weich und geschmeidig ist. Die Arbeitsfläche leicht mit Puderzucker bestäuben.

3. Den Rollfondant mit dem Rollstab hauchdünn ausrollen und daraus Blüten ausstechen. Über Nacht trocknen lassen. Um den Blüten eine gewölbte Form zu geben, setzt man sie in einen Plastik-Eierkarton oder kleine Tassen.

4. Am nächsten Tag zum Verzieren der Blüten etwas weiße Gel-Lebensmittelfarbe mit Wasser verdünnen. Mit einem feinen Pinsel die Farbe aufnehmen und damit feine Linien in die Blüten einzeichnen.

5. Zum Schluss wenig Eiweißspritzglasur (siehe S. 24) in einen kleinen Papierspritzbeutel füllen (siehe S. 25) und in die Mitte jeder Blüte einen kleinen Punkt spritzen. Sie können die Blüten nach Belieben auch anders verzieren.

Tipp

Rollfondant besteht aus den gleichen Zutaten wie Fondant, er ist allerdings nicht flüssig, sondern zäh und – wie der Name schon sagt – zum Ausrollen gedacht. Seine Konsistenz ähnelt der von Marzipanrohmasse. Da Rollfondant nicht ganz so einfach herzustellen ist, kauft man ihn am besten im Fachhandel.

Kuvertüre temperieren

Dieser Aufwand des abwechselnden Erwärmens und Abkühlens lohnt sich vor allem für besondere Schokoladenprodukte wie Fudges oder Schokoriegel, die nach dem Abkühlen noch schön glänzen sollen.

1. Das heiße Wasserbad vorbereiten: In einen Topf ca. 5 cm hoch Wasser füllen und aufkochen. Eine Metallschüssel daraufsetzen, sie soll das Wasser allerdings nicht berühren. Das Wasser bei schwacher Hitze weiterkochen.

2. Die gewünschte Menge Kuvertüre mit einem scharfen Messer grob hacken und in die Metallschüssel geben. Die Kuvertüre unter Rühren über dem Wasserbad schmelzen lassen und auf die benötigte Temperatur bringen.

3. Die anfängliche Temperatur am besten mit einem Kerntemperaturfühler messen: Zartbitter-Kuvertüre sollte zu Beginn 42° erreichen, Vollmilch-Kuvertüre 41° und weiße Kuvertüre 40°.

4. Sobald die gewünschte Anfangstemperatur erreicht ist, die Schüssel mit der Kuvertüre vom heißen Wasserbad nehmen und in ein kaltes Wasserbad mit Eiswürfeln in einer zweiten Schüssel setzen.

5. Die Kuvertüre auf dem kalten Wasserbad unter Rühren wieder auf folgende Temperaturen abkühlen lassen: Zartbitter-Kuvertüre auf 29°, Vollmilch-Kuvertüre auf 28° und weiße Kuvertüre auf 26°.

6. Zuletzt die Kuvertüre wieder über das heiße Wasserbad stellen und unter Rühren kurz auf die perfekte Verarbeitungstemperatur erwärmen: Zartbitter-Kuvertüre auf 32°, Vollmilch-Kuvertüre auf 31° und weiße Kuvertüre auf 29°.

Eiweißspritzglasur

*Das wichtigste Rezept, um Torten und Kekse zu dekorieren.
Die Glasur kann nach Belieben eingefärbt werden. Verwenden Sie für
dieses Rezept nur wirklich frische Eiweiße.*

1. In einer Rührschüssel 500 g Puderzucker mit 2 frischen Eiweißen und 10 ml Zitronensaft mit den Schneebesen der Küchenmaschine oder des Handrührgeräts sehr steif schlagen. So erhält man eine Basismasse.

2. Zum Aufspritzen von Konturen die Masse mit wenig Wasser bis zur gewünschten Konsistenz verdünnen (Konturenmasse). Dabei das Wasser tropfenweise hinzufügen, damit die Masse nicht zu dünn wird – das kann schnell passieren.

3. Zum Ausfüllen von vorgezeichneten Konturen oder zum Glasieren von Kuchen und Torten die Eiweißspritzglasur nochmals mit wenig Wasser verdünnen. Diese Ausfüllmasse sollte fast zähflüssig sein, aber noch gut verlaufen.

4. Die Eiweißspritzglasur lässt sich nach Belieben mit Lebensmittelfarben einfärben. Zum Aufbewahren die Glasur immer mit einem feuchten Küchentuch und zusätzlich Frischhaltefolie abdecken, damit sie nicht antrocknet.

5. Die Eiweißspritzglasur für Konturen und zum Ausfüllen in kleine Papierspritzbeutel (siehe rechts) füllen und damit die gewünschten Muster aufspritzen. Wer ganz sichergehen will, übt zunächst auf einem Brett oder Backpapier.

Tipp

Wenn Sie Ihr Gebäck mit aufwendigem Design verzieren möchten, sollten Sie die einzelnen Glasurschichten und -farben immer erst mehrere Stunden trocknen lassen, bevor Sie weitere auftragen. So können die Farben nicht ineinanderlaufen.

BASICS

Papierspritzbeutel falten

Für viele Dekorationen aus Eiweißspritzglasur oder Kuvertüre benötigt man einen Spritzbeutel mit feiner Spitze. Sie können ihn ganz einfach selbst machen – wichtig ist nur, dass Sie stabiles Backpapier verwenden.

1. Ein rechteckiges Stück Backpapier (ca. 28 x 38 cm) diagonal falten und mit einem großen Messer entlang des Falzes aufschneiden. Ein Dreieck so hinlegen, dass die Spitze zu Ihnen und die kurze Seite nach rechts zeigt.

2. Mit der rechten Hand die Ecke rechts oben nehmen und auf die Spitze legen, die zu Ihnen zeigt. Mit dem Daumen der rechten Hand Ecke und Spitze zusammenhalten.

3. Dann mit der linken Hand die linke Ecke nehmen und zweimal um den entstandenen Spritzbeutel wickeln, sodass die linke Ecke ebenfalls auf der rechten liegt.

4. Alle drei Ecken zusammennehmen und nach innen falten. Wenn die Spitze noch zu lose ist, die Papierecken etwas fester zusammenziehen beziehungsweise -drehen. Den zweiten Spritzbeutel analog falten.

5. Den Papierspritzbeutel mit Eiweißspritzglasur oder der gewünschten Masse jeweils immer nur bis zur Hälfte füllen. Das Ende des Beutels anschließend fest aufrollen, damit der Spritzbeutel prall gefüllt ist.

6. Die Spitze nur knapp abschneiden, damit die Öffnung nicht zu groß wird. Zum Aufspritzen den Papierspritzbeutel zwischen Daumen und Fingern halten. Mit dem Zeigefinger der anderen Hand den Spritzbeutel führen.

Kleine Sünden

Lassen Sie uns nun unser süßes Laster zelebrieren! Ich zeige Ihnen in diesem Kapitel leckere Kleinigkeiten, die ihren Platz im Kuchenhimmel sicher haben.

Orangen-Grissini im Schokoladenmantel

Eine echte Farbenpracht – zum Essen fast zu schade, werden Sie vielleicht denken. Aber nur, bis Sie eine Grissini-Stange probiert haben. Dann sind die restlichen ganz schnell weggenascht!

ZUTATEN:
Für die Grissini:
250 g Mehl
20 g frische Hefe (ca. ½ Würfel)
170 ml lauwarmes Wasser
1 TL Zucker
1 TL Salz
abgeriebene Schale von
 1 Bio-Orange
50 ml mildes Olivenöl
Mehl zum Arbeiten

Für die Dekoration:
500 g gehackte weiße Kuvertüre
fettlösliche Lebensmittelfarbe
 (nach Belieben)

Ergibt: ca. 20 Stück
Zubereitung: 1 Std.
Gehen: 2 Std.
Backen: 25 Min.
Schwierigkeit: 🧁🧁

Tipp

Solange die Kuvertüre noch feucht ist, können Sie die Grissini mit Nonpareilles bestreuen oder in gehackten Nüssen wie Pistazien wälzen.

1. Für die Grissini das Mehl in eine Schüssel geben und in die Mitte eine Mulde drücken. Die Hefe in eine weitere Schüssel bröseln und in 3 EL lauwarmem Wasser auflösen, den Zucker ebenfalls dazugeben. Den Hefeansatz in die Mehlmulde gießen, mit wenig Mehl bestäuben und an einem warmen Ort zugedeckt ca. 15 Min. gehen lassen.

2. Salz, Orangenschale, übriges Wasser und Öl dazugeben und alles mit den Händen oder den Knethaken des Handrührgerätes zu einem geschmeidigen Teig verkneten. Auf der leicht bemehlten Arbeitsfläche weiterkneten, bis der Teig nicht mehr klebt, dabei eventuell noch etwas Mehl dazugeben. Den Teig mit einem feuchten Küchentuch zugedeckt an einem warmen Ort 35 – 45 Min. gehen lassen, bis sich das Volumen verdoppelt hat.

3. Anschließend den Teig ca. 5 Min. durchkneten und nochmals zugedeckt ca. 1 Std. gehen lassen. Den Backofen auf 190° (Umluft; hier empfehlenswert) vorheizen. Drei Backbleche mit Backpapier auslegen. Den Teig ca. 1 cm dick ausrollen und in ca. 20 Streifen (à ca. 1 x 30 cm) schneiden.

4. Die Grissini rund rollen und mit genügend Abstand zueinander auf das Backpapier setzen (dabei wieder in Form bringen, sie sollten gerade sein). Die Grissini im Backofen ca. 25 Min. backen und dann abkühlen lassen.

5. Für die Dekoration die Kuvertüre über dem heißen Wasserbad temperieren (siehe S. 23) und nach Belieben einfärben. Die Grissini rundum mit der flüssigen Kuvertüre bestreichen und nach Belieben dekorieren (siehe Tipp). Auf Backpapier kühl stellen, bis die Kuvertüre vollständig getrocknet ist.

WICHTIGE UTENSILIEN: 2 Rührschüsseln // 3 Backbleche // Rollstab // Lineal // Wasserbad // Metallschüssel

KLEINE SÜNDEN

Pink-Flamingo-Küsse

*Sommerlich leicht kommen diese Flamingos angeflogen.
Die süßen Baisers mit dem leicht herben Grapefruit Curd
sind die Sundowner unter den Keksen!*

ZUTATEN:

Für die Baisermasse:
90 g Eiweiß
180 g Zucker
¼ TL Weinsteinbackpulver
Salz
pinke Gel-Lebensmittelfarbe

Für den Curd:
125 ml frisch gepresster
 Grapefruitsaft
50 g Zucker
2 Eigelb
2 Eier
75 g weiche Butter

Ergibt: 20 Stück
Zubereitung: 50 Min.
Backen: 2 Std.
Schwierigkeit:

Tipp

Bei diesem Rezept bleibt immer etwas Grapefruit Curd übrig. Und der schmeckt auch himmlisch auf Frühstücksbrötchen!

WICHTIGE UTENSILIEN: 3 Backbleche // Wasserbad // 2 Metallschüsseln // Spritzbeutel mit Lochtülle, ca. 8 mm Ø // Sieb

1. Für die Baisermasse den Backofen auf 100° (Umluft; hier empfehlenwert) vorheizen. Drei Backbleche mit Backpapier auslegen. Die Eiweiße mit dem Zucker in einer Metallschüssel über dem heißen Wasserbad aufschlagen, bis sich der Zucker aufgelöst hat. Backpulver und 1 Prise Salz dazugeben. Die Masse vom Wasserbad nehmen und noch ca. 10 Min. aufschlagen, bis sie voluminös und glänzend ist.

2. Mit dem Backpinsel vier Streifen Lebensmittelfarbe längs innen in den Spritzbeutel malen und die Baisermasse einfüllen. Spiralförmige Baisers von max. 3 cm Ø auf das Backpapier spritzen. Im Backofen ca. 2 Std. backen. Die Baisers sollten nicht bräunen und sich nach dem Backen trocken anfühlen.

3. Inzwischen für den Curd alle Zutaten über dem heißen Wasserbad unter Rühren erwärmen. Mit einem Schneebesen zu einer dicklichen Creme rühren, das kann 10 – 15 Min. dauern. Durch ein Sieb streichen und abkühlen lassen. Die Hälfte der Baisers mit je 1 TL Curd bestreichen und ein zweites Baiser aufsetzen. Schnell naschen – der Curd weicht sonst die Baisers auf.

KLEINE SÜNDEN

Bollywood Popcorn

Dieses Popcorn ist schnell gemacht, schmeckt wunderbar und sieht toll aus. Am besten passt es zu einem bunten und herzzerreißenden Bollywood-Film im Fernsehen.

ZUTATEN:
3 EL Öl
6 EL Popcorn-Mais
Salz
150 g gehackte weiße Kuvertüre
50 g bunt kandierter Fenchel

Zubereitung: 30 Min.
Schwierigkeit: 🧁🧁🧁

Tipp

Kandierten Fenchel bekommen Sie in jedem gut sortierten Asiamarkt. Wer den Fenchelgeschmack nicht mag, kann stattdessen auch bunte Streusel oder Nonpareilles über das Popcorn streuen.

WICHTIGE UTENSILIEN: 2 Backbleche // hoher Topf // Wasserbad // Metallschüssel

1. Zwei Backbleche mit Backpapier auslegen. Das Öl in den Topf gießen, die Maiskörner hineinstreuen und 1 Prise Salz hinzufügen. Den Mais langsam unter Rühren erhitzen. Sobald die ersten Körner aufpoppen, den Herd abschalten und den Deckel auf den Topf setzen.

2. Den Topf auf dem Herd stehen lassen, solange der Mais poppt, dabei zwei- bis dreimal schütteln. Sobald der Mais aufhört zu poppen, den Topf vom Herd nehmen und den Deckel wieder abnehmen.

3. Die Kuvertüre über dem heißen Wasserbad schmelzen (siehe S. 23, Steps 1 und 2), vom Wasserbad nehmen und das Popcorn gleichmäßig untermischen. Das Schokoladen-Popcorn auf dem Backpapier verteilen und mit dem kandiertem Fenchel bestreuen. Alles abkühlen lassen, bis die Kuvertüre vollständig getrocknet ist.

KLEINE SÜNDEN

Mini-Pralinen im Zuckermantel

Pralinen kann man mit Schokoladenhohlkörpern ganz einfach selbst machen. Sie sehen umwerfend professionell aus und sind im Kühlschrank etwa 1 Woche haltbar.

ZUTATEN:

70 Mini-Pralinenhohlkörper aus weißer Schokolade (ca. 19 mm Ø; siehe S. 15)

Für den Deko-Zucker:
300 g Zucker
3 flüssige Lebensmittelfarben (z. B. Rosa, Pink, Mint)

Für den Curd:
60 ml frisch gepresster Blutorangensaft
25 g Zucker
1 Eigelb
1 Ei
35 g weiche Butter

Für die Füllung:
50 g gehackte weiße Kuvertüre
40 g Crème fraîche

Außerdem:
250 g gehackte weiße Kuvertüre

Ergibt: 70 Stück
Zubereitung: 2 Std.
Trocknen: 2 Std.
Kühlen: 50 Min.
Schwierigkeit: 🧁🧁🧁

1. Für den Deko-Zucker den Backofen auf 50° (Umluft; hier empfehlenswert) vorheizen. Drei Backbleche mit Backpapier auslegen. Je 100 g Zucker in ein Schraubglas füllen und jeweils mit einer Lebensmittelfarbe tropfenweise einfärben. Die Gläser verschließen und kräftig schütteln. Jeden Zucker auf einem Blech verteilen und im Backofen ca. 1 Std. trocknen. Dann abkühlen lassen und bis zur Verwendung luftdicht verschlossen aufbewahren.

2. Für den Curd alle Zutaten über dem heißen Wasserbad unter Rühren erwärmen. Zu einer dicklichen Creme rühren, das kann 10 – 15 Min. dauern. Durch das Sieb streichen (Bild 1) und abkühlen lassen.

3. Für die Füllung die Kuvertüre über dem heißen Wasserbad schmelzen (siehe S. 23, Step 1 und 2). Vom Wasserbad nehmen und ca. 10 Min. abkühlen lassen, dann die Crème fraîche unterrühren. In einen Papierspritzbeutel geben und damit jeden Hohlkörper max. bis zur Hälfte füllen, ca. 30 Min. kühl stellen. Den Curd glatt rühren und in den Einmalspritzbeutel füllen. Den Spritzbeutel vorne knapp abschneiden und die Pralinenhohlkörper bis knapp unter den Rand mit dem Curd füllen (Bild 2).

4. Zuletzt 200 g Kuvertüre über dem heißen Wasserbad schmelzen. Davon ein wenig in den zweiten Papierspritzbeutel füllen und die Pralinen damit verschließen (Bild 3), ca. 20 Min. kühl stellen. Die übrige flüssige Kuvertüre mit den restlichen 50 g Kuvertüre mischen und diese schmelzen lassen. Den Deko-Zucker getrennt in Schälchen verteilen. Die Pralinen jeweils auf die Pralinengabel setzen, in die geschmolzene Kuvertüre tauchen, abtropfen lassen und im Deko-Zucker wälzen (Bild 4). Anschließend auf dem Pralinengitter ca. 1 Std. trocknen lassen.

WICHTIGE UTENSILIEN: 3 Backbleche // 3 Schraubgläser // Wasserbad // 2 Metallschüsseln // Sieb // 2 Papierspritzbeutel (siehe S. 25) // Einmalspritzbeutel // 3 kleine Schälchen // Pralinengabel und -gitter

KLEINE SÜNDEN

Lavendel-Honig-Trüffel

*Der Duft von Lavendel erinnert mich an Sommerferien in der Provence.
Wenn ich diese Trüffel nasche, schließe ich beim ersten Bissen die Augen
und bin dem Mittelmeer ein Stückchen näher.*

ZUTATEN:

Für die Trüffelmasse:
1 Vanilleschote
225 g Sahne
4 EL getrocknete Lavendelblüten
450 g gehackte Zartbitter-Kuvertüre (70 % Kakao)
180 g flüssiger Lavendelhonig
115 g weiche Butter
¼ TL Salz

Für die Dekoration:
50 g Kakaopulver
frische Lavendelblüten

Ergibt: ca. 80 Stück
Zubereitung: 1 Std.
Ziehen: mind. 20 Min.
Kühlen: mind. 3 Std.
Schwierigkeit:

Tipp

Beim Schneiden der Trüffel das Messer am besten immer wieder in heißes Wasser tauchen und abtrocknen – dann bleibt nichts daran kleben.

WICHTIGE UTENSILIEN: Backform, 18 x 18 cm // Topf // großes und kleines Sieb // Rührschüssel

1. Die Backform mit Backpapier auslegen. Die Vanilleschote längs aufschlitzen und das Mark herauskratzen. Die Sahne mit Lavendelblüten, Vanilleschote und -mark im Topf bei mittlerer Hitze aufkochen. Vom Herd nehmen und mind. 20 Min. ziehen lassen.

2. Die Sahne durch das große Sieb gießen, um Lavendelblüten und Vanilleschote zu entfernen. Die Kuvertüre in die Schüssel geben. Die Sahne mit dem Honig kurz aufkochen und heiß über die Kuvertüre gießen, kurz stehen lassen. Die Butter in kleinen Stücken und das Salz dazugeben und alles mit dem Schneebesen glatt rühren. Die Masse in die Backform gießen und mind. 3 Std. kühl stellen.

3. Die Masse mithilfe des Backpapiers aus der Form heben und durch das kleine Sieb mit Kakao bestäuben. Mit einem großen Messer in ca. 2 x 2 cm große Trüffel schneiden (siehe Tipp) und mit Lavendelblüten dekorieren. Die Trüffel halten sich luftdicht verpackt im Kühlschrank bis zu 10 Tage.

KLEINE SÜNDEN

Mini-Rumkugel-Waffeln

*Mein Freund Sebastian liebt Rumkugeln.
Wie praktisch, denn sie eignen sich hervorragend, um Kuchenreste
zu verarbeiten. Ohne Rum geht's natürlich auch!*

ZUTATEN:

<u>Für den Hippenteig:</u>
100 g zerlassene Butter
2 Eier · 85 g Zucker · 185 g Mehl
90 ml lauwarmes Wasser
10 ml Rum
bunte Gel-Lebensmittelfarben
 (nach Belieben)
Öl für das Hörncheneisen

<u>Für die Rumkugelmasse:</u>
½ Rezept gebackener
 Schokoladen-Rührteig
 (siehe S. 17)
100 g Puderzucker
80 g Aprikosenkonfitüre
15 ml Rum

<u>Für die Dekoration:</u>
200 g gehackte Zartbitter-
 Kuvertüre (70 % Kakao)
100 g Schokoladenstreusel

Ergibt: 30 Stück
Zubereitung: 1 Std. 30 Min.
Ruhen: 30 Min.
Schwierigkeit: 🧁🧁🧁

WICHTIGE UTENSILIEN: 2 große und ggf. mehrere kleine Rührschüsseln // Hörncheneisen // Waffelhorn // Wasserbad // Metallschüssel // flache Schüssel

1. Für den Teig alle Zutaten (außer den Farben!) mit dem Schneebesen verrühren. Nach Belieben auf kleinere Schüsseln verteilen und pro Schüssel mit einer Lebensmittelfarbe einfärben. Den Waffelteig ca. 30 Min. ruhen lassen. Das Hörncheneisen vorheizen und die Backflächen dünn mit Öl bestreichen. Je ½ EL Teig hineingeben und die Hippen nacheinander in ca. 2 Min. goldbraun backen. Noch heiß auf dem Waffelhorn zu einer Mini-Eistüte formen (dabei am besten Einmalhandschuhe tragen!). Aus dem Teig wie beschrieben insgesamt 30 Eistüten backen und abkühlen lassen.

2. Für die Rumkugelmasse alle Zutaten mit den Händen verkneten und zu 30 Kugeln von je ca. 3 cm Ø formen. Mit der übrigen Masse die Eistüten bis zum Rand füllen und je 1 Rumkugel daraufsetzen.

3. Für die Dekoration die Kuvertüre über dem heißen Wasserbad temperieren (siehe S. 23). Jede Eistüte mit dem Backpinsel rund um die Rumkugel mit Kuvertüre bestreichen. Die Schokoladenstreusel in die flache Schüssel geben und die Eistüten bis zum Waffelrand darin wälzen.

KLEINE SÜNDEN

Hanseatische Ecken

Als Hanseatin liebe ich diese Kekse natürlich. Ganz klassisch sind sie rund, mit Marmelade gefüllt und rot-weiß glasiert. Hier bekommt das Rezept frischen Wind in die Segel: Ich variiere es in Form, Farbe und Geschmack.

ZUTATEN:

<u>Für die Kekse:</u>
½ Rezept Mürbeteig (siehe S. 20)
Mehl zum Arbeiten

<u>Für die Dekoration:</u>
225 g Fondant (siehe S. 21)
bunte Gel-Lebensmittelfarben
 (nach Belieben)

<u>Für die Füllung:</u>
50 g Johannisbeergelee
50 g Brombeerkonfitüre
50 g Blaubeerkonfitüre
50 g Lemon Curd (siehe S. 61)

Ergibt: 16 Stück
Zubereitung: 1 Std. 30 Min.
Kühlen: mind. 2 Std.
Backen: 15 Min.
Trocknen: mind. 30 Min.
Schwierigkeit: 🧁🧁🧁

WICHTIGE UTENSILIEN:
3 Backbleche // Rollstab // mehrere kleine Töpfe // Kerntemperaturfühler // kleine Schüsseln // kleine Palette oder Backpinsel

1. Nach dem Grundrezept einen Mürbeteig zubereiten. Den Teig in Frischhaltefolie wickeln und mind. 2 Std. kühl stellen.

2. Den Backofen auf 175° (Umluft; hier empfehlenswert) vorheizen. Drei Backbleche mit Backpapier auslegen. Den Mürbeteig auf der bemehlten Arbeitsfläche ca. 5 mm dick zu einem Quadrat (ca. 40 x 40 cm) ausrollen. Zuerst mit einem scharfen Messer in ca. 10 cm breite Streifen, dann in Quadrate und diese diagonal in 32 gleichschenklige Dreiecke schneiden. Die Kekse auf das Backpapier setzen und im Backofen in 8 – 12 Min. goldbraun backen, dann abkühlen lassen.

3. Inzwischen für die Dekoration den Fondant vorsichtig in einem Topf erwärmen (nicht über 38°, mit Kerntemperaturfühler prüfen!) und nach Bedarf mit wenig Wasser verdünnen. Die Konsistenz sollte nicht zu flüssig sein. Den Fondant in beliebigen Farben in kleinen Schüsseln einfärben (siehe Tipp). Wenn er zu kalt wird, einfach wieder etwas erwärmen. Die Hälfte der Kekse mit dem Fondant glasieren (das geht am besten mit der kleinen Palette oder dem Backpinsel). Die Glasur trocknen lassen.

4. Zum Füllen Gelee, Konfitüren und Curd separat mit wenig Wasser aufkochen und ca. 5 Min. abkühlen lassen. Je 2 TL Füllung auf die nicht glasierten Kekse streichen und mit einem passend glasierten Dreieck abdecken. Mind. 30 Min. trocknen lassen, bis die Füllung angezogen ist. Luftdicht und kühl gelagert halten sich die Hanseatischen Ecken ca. 7 Tage.

Tipp Am besten wählen Sie für jede Füllung eine andersfarbige Glasur: z. B. Hellrosa für den Lemon Curd, Pink für das Johannisbeergelee, Lila für die Brombeer- und Hellblau für die Blaubeerkonfitüre.

Schokoladen-Cookies mit Walnüssen

Diese Kekse habe ich vor mehr als 15 Jahren kreiert und einer Freundin zum Geburtstag geschenkt. Seitdem heißt es nun jedes Jahr: Einmal Schokoladen-Cookies, bitte! Wichtig: Hier Schokolade, keine Kuvertüre verwenden!

ZUTATEN:

110 g Mehl
15 g Kakaopulver
1 TL Backpulver
½ TL Salz
200 g gehackte Zartbitter-Schokolade (50 % Kakao)
100 g Butter
2 Eier
100 g Zucker
60 g brauner Zucker
200 g gehackte Zartbitter-Schokolade (50 – 70 % Kakao)
100 g gehackte Walnusskerne

Ergibt: 16 – 18 Stück
Zubereitung: 30 Min.
Backen: 15 Min.
Schwierigkeit:

Tipp

Schön gleichmäßig rund werden die Cookies, wenn Sie den Teig mit einem Eisportionierer abnehmen.

WICHTIGE UTENSILIEN: 2 Backbleche // Mehlsieb // 2 Rührschüsseln // Wasserbad // Metallschüssel

1. Den Backofen auf 170° (Umluft; hier empfehlenswert) vorheizen. Zwei Backbleche mit Backpapier auslegen. Das Mehl mit Kakao, Backpulver und Salz in eine Schüssel sieben. Die Schokolade mit der Butter in Würfeln über dem heißen Wasserbad schmelzen (siehe S. 23, Steps 1 und 2). Die Eier und beide Zuckersorten mit den Schneebesen der Küchenmaschine oder des Handrührgeräts so lange schaumig rühren, bis die Masse hellgelb ist.

2. Die noch warme Schokoladenmasse langsam zur Eier-Zucker-Mischung gießen und vorsichtig mit einem Teigschaber unterheben (nicht zu stark rühren, sonst verliert die Masse an Volumen). Dann die Mehlmischung unterheben, zuletzt die gehackte Schokolade und die Nüsse untermischen.

3. Mithilfe von zwei Esslöffeln aus der Masse 16 – 18 kleine Portionen mit etwas Abstand zueinander auf das Backpapier setzen. Die Cookies im Backofen (oben und Mitte) 12 – 15 Min. backen, dann abkühlen lassen. Sie sind anfangs noch sehr weich und haben erst nach ca. 2 Std. die richtige Konsistenz: Außen hart und innen ganz weich.

Haferkekse mit Kirschen

Vegane Ernährung ist der neue Trend, auch in unserem Café haben wir viele Kunden, die sich vegan ernähren. Dass vegan nicht Verzicht bedeutet, beweisen diese lecker-cremigen Kekse!

ZUTATEN:

Für die Kekse:
300 g Mehl · ½ TL Salz
½ TL Zimtpulver · 1 TL Natron
240 g vegane Butter
120 g Zucker · 120 g brauner Zucker
ausgekratztes Mark von
 ½ Vanilleschote
abgeriebene Schale von
 1 Bio-Zitrone
125 ml Sojamilch
190 g feine Haferflocken
100 g gehackte getrocknete
 Sauerkirschen

Für die Creme:
125 g vegane Butter
100 g Puderzucker
4 EL vegane Schlagcreme
ausgekratztes Mark von
 ½ Vanilleschote

Ergibt: 12 Stück
Zubereitung: 45 Min.
Backen: 15 Min.
Schwierigkeit:

WICHTIGE UTENSILIEN:
3 Backbleche // 3 Rührschüsseln // Mehlsieb // ggf. Eisportionierer // Spritzbeutel mit Sterntülle, ca. 7 mm Ø

1. Für die Kekse den Backofen auf 170° (Umluft; hier empfehlenswert) vorheizen. Drei Backbleche mit Backpapier auslegen. Das Mehl mit Salz, Zimt und Natron in eine Schüssel sieben. Die Butter, beide Zuckersorten und das Vanillemark cremig aufschlagen. Zitronenschale und Sojamilch unterrühren, die Mehlmischung dazugeben und alles zu einem glatten Teig rühren. Zuletzt Haferflocken und Sauerkirschen untermischen.

2. Mit einem Esslöffel oder Eisportionierer 24 gleich große Teighäufchen mit etwas Abstand zueinander auf das Backpapier setzen. Die Kekse im Backofen ca. 15 Min. backen, dann abkühlen lassen.

3. Für die Creme die Butter und den Puderzucker mit den Schneebesen des Handrührgeräts cremig aufschlagen. Die Schlagcreme und das Vanillemark dazugeben und alles noch ca. 3 Min. schaumig rühren, dann in den Spritzbeutel füllen. Auf 12 Kekse jeweils eine kleine Menge Creme aufspritzen und mit einem zweiten Keks abdecken.

KLEINE SÜNDEN

Erdnuss-Karamell-Riegel

Dieses Rezept bringt Erdnüsse, Karamell und weiße Schokolade perfekt zusammen. Und mit ihrem edlen Perlendekor sehen die Riegel wahrlich königlich aus.

ZUTATEN:

Für den Crunch:
150 g Zucker
120 g geröstete gesalzene Erdnüsse
Öl für Blech und Messer

Für die Riegelmasse:
420 g feine Erdnussbutter
85 g Kokosfett
100 g Puderzucker
35 g feine Haferflocken
35 g Cornflakes

Für die Glasur:
600 g gehackte weiße Kuvertüre
Nonpareilles

Ergibt: 24 Stück
Zubereitung: 1 Std.
Kühlen: mind. 1 Std.
Schwierigkeit: 🧁🧁🧁

1. Für den Crunch das Backblech mit Backpapier auslegen und mit wenig Öl bestreichen. Den Zucker und 35 ml Wasser in der Pfanne verrühren. Dann ohne Rühren zu dunkelbraunem Karamell kochen, vom Herd nehmen und die Erdnüsse hinzufügen. Die Masse auf das geölte Backpapier gießen und mit einem geölten Messer dünn darauf verteilen. Den Crunch abkühlen lassen und dann mit einem Sägemesser in kleine Stücke schneiden.

2. Für die Riegelmasse die Erdnussbutter und das Kokosfett in einer Metallschüssel über dem heißen Wasserbad zerlassen. Vom Wasserbad nehmen und nacheinander Puderzucker, Haferflocken und grob zerkleinerte Cornflakes unterrühren. Zuletzt die Crunch-Stücke untermischen.

3. Den Backrahmen auf das mit Backpapier ausgelegte Brett stellen und die Masse einfüllen. Mind. 1 Std. kühl stellen. Anschließend in 24 Riegel (à ca. 2 x 10 cm) schneiden.

4. Für die Glasur 350 g Kuvertüre über dem heißen Wasserbad schmelzen (siehe S. 23, Steps 1 und 2), vom Wasserbad nehmen und die übrige Kuvertüre unterrühren, bis alles geschmolzen ist. Die Kuvertüre auf dem Wasserbad nochmals kurz anwärmen und die Riegel mit der Pralinengabel einzeln hineintauchen. Abtropfen lassen, auf die Schokoladen-Strukturfolie setzen und fest werden lassen. Die Riegel vorsichtig von der Folie abziehen, eventuell in jedes Kreuz 1 Tupfen Kuvertüre setzen und mit Perlen dekorieren.

Tipp Am besten verwenden Sie für die Riegel eine Rauten-Strukturfolie. Übrigens habe ich hier die Kuvertüre mit einer Blitz-Methode temperiert: Statt die Masse abzukühlen und wieder zu erhitzen, wird einfach ein Teil der gehackten Kuvertüre erst später dazugegeben (das nennt man »impfen«).

WICHTIGE UTENSILIEN: Backblech // Pfanne // Wasserbad // 2 Metallschüsseln // Backrahmen, 20 x 24 cm // Brett, passend für den Backrahmen // Pralinengabel // Schokoladen-Strukturfolie

KLEINE SÜNDEN

Karamellriegel mit Brezelboden

Als ich das erste Mal in New York ein Salzbrezel-Karamell-Eis sah, war ich skeptisch. Aber dann habe ich es doch probiert – und war total begeistert. Hier meine haltbarere Interpretation in Riegelform.

ZUTATEN:

Für den Boden:
150 g Salzbrezeln
100 g Vollkornkekse
120 g zerlassene Butter
Butter für den Backrahmen

Für den Karamell:
100 g Butter
400 g Zucker
30 g Glukosesirup
400 g Sahne

Für die Glasur:
280 g gehackte Zartbitter-
 Kuvertüre (70 % Kakao)
20 g Kakaobutter (oder Kokosfett)
Meersalz (Fleur de Sel)

Ergibt: 24 Stück
Zubereitung: 1 Std.
Backen: 10 Min.
Ruhen: mind. 4 Std.
Kühlen: 30 Min.
Schwierigkeit:

WICHTIGE UTENSILIEN: Backrahmen, 20 x 24 cm // Backblech // Mixer // Rührschüssel // Topf // Kerntemperaturfühler // Wasserbad // Metallschüssel

1. Für den Boden den Backofen auf 180° (Umluft; hier empfehlenswert) vorheizen. Den Backrahmen einfetten und auf das mit Backpapier ausgelegte Backblech stellen. Brezeln und Kekse im Mixer zerkleinern. Die Brösel mit der Butter mischen und gleichmäßig in den Backrahmen füllen, dabei fest andrücken. Im Backofen (Mitte) ca. 10 Min. backen, dann abkühlen lassen.

2. Für den Karamell Butter, Zucker und Glukosesirup im Topf erwärmen. Wenn die Butter geschmolzen ist, die Sahne dazugießen. Die Masse unter Rühren aufkochen, bis sie goldbraun ist und eine Temperatur von 125° hat (mit Kerntemperaturfühler prüfen!). Vom Herd nehmen und auf den Brezelboden gießen, dann mind. 4 Std. ruhen lassen.

3. Für die Glasur die Kuvertüre mit Kakaobutter über dem heißen Wasserbad temperieren (siehe S. 23). Kurz abkühlen lassen, dann gleichmäßig auf den Karamell gießen und mit Meersalz bestreuen. Die Masse ca. 30 Min. kühl stellen, dann in 24 Riegel (à ca. 2 x 10 cm) schneiden.

KLEINE SÜNDEN

Honeycomb-Riegel mit Mandeln

Honeycomb heißt auf Deutsch »Honigwabe«. Es ist ein mit Luftblasen durchzogener harter Karamell, der durch diese spezielle Struktur zu einem ganz besonderen Geschmackserlebnis wird.

1. Die Backrahmen einfetten und auf zwei mit Backpapier ausgelegte Backbleche stellen. Für den Honeycomb Zucker, Honig, 30 ml Wasser und Sirup unter Rühren aufkochen. Sobald die Masse kocht, nicht mehr rühren. Auf 153° erhitzen (mit Kerntemperaturfühler prüfen!), sofort vom Herd nehmen und das Natron unterheben (Achtung, heiß und blubbernd!). Die Masse zügig in einen Backrahmen gießen und abkühlen lassen.

2. Den Backofen auf 180° vorheizen. Für die Riegelmasse die Mandeln auf einem mit Backpapier ausgelegten Backblech mit Salz bestreuen und im Backofen (oben) ca. 10 Min. rösten. Dann abkühlen lassen. Den Honeycomb klein schneiden. Die Kuvertüre über dem heißen Wasserbad temperieren (siehe S. 23), kurz abkühlen lassen und Mandeln, gehackten Honeycomb und zerbröselte Cornflakes unterheben.

3. Die Masse in den zweiten Backrahmen gießen. Mehrmals auf die Arbeitsfläche klopfen, damit sich die Masse gut verteilt, mind. 1 Std. kühl stellen. In 24 Riegel (à ca. 2 x 10 cm) schneiden und mit Blattgold dekorieren.

ZUTATEN:

Für den Honeycomb:
175 g Zucker
25 g flüssiger Honig
1 EL Glukosesirup
1 TL Natron
Öl für den Backrahmen

Für die Riegelmasse:
120 g gehäutete Mandeln
½ TL Salz
600 g gehackte Vollmilch-Kuvertüre
30 g Cornflakes

Für die Dekoration:
etwas Blattgold

Ergibt: 24 Stück
Zubereitung: 45 Min.
Kühlen: mind. 1 Std.
Schwierigkeit: 🧁🧁🧁

WICHTIGE UTENSILIEN:

2 Backrahmen, 20 x 24 cm // 3 Backbleche // Topf // Kerntemperaturfühler // Wasserbad // Metallschüssel

KLEINE SÜNDEN

Bunter französischer Nougat

Das perfekte süße Geschenk: Hübsch verpackt sind die Nougatriegel eine liebevolle Aufmerksamkeit – entweder auf dem Tisch für Ihre Gäste oder als Mitbringsel, wenn Sie selbst eingeladen sind.

ZUTATEN:

Für alle Nougatsorten:
120 g Glukosesirup
265 g feinster Zucker
65 g Eiweiß

Für den weißen Nougat:
300 g flüssiger Lavendelhonig
420 g geröstete ganze Mandeln
50 g grob gehacktes Orangeat

Für den Mango-Orangen-Nougat:
300 g flüssiger Orangenblüten-
  honig
gelbe Gel-Lebensmittelfarbe
  (nach Belieben)
270 g geröstete ganze Mandeln
je 100 g grob gehackte kandierte
  Orangen und Mangos

Außerdem:
Pro Nougatsorte 4 eckige Back-
Oblaten, 12 x 20 cm · Öl für Back-
rahmen, Palette und Messer

Ergibt: 24 Stück (pro Sorte)
Zubereitung: 45 Min. (pro Sorte)
Ruhen: mind. 4 Std.
Schwierigkeit:

1. Für jede Nougatsorte ist die Zubereitung gleich: Den Backrahmen leicht einölen, auf das mit Backpapier ausgelegte Brett stellen und mit 2 Oblaten auslegen. Den gewünschten Honig in einen Topf geben. In dem zweiten Topf Glukosesirup, Zucker und 85 ml Wasser mischen. Beide Topfinhalte auf 140° erhitzen (mit Kerntemperaturfühler prüfen!).

2. Die Eiweiße in die Schüssel geben. Wenn der Honig eine Temperatur von 120° hat, die Eiweiße mit den Schneebesen des Handrührgeräts auf mittlerer Stufe aufschlagen. Wenn der Honig 140° hat, die Geschwindigkeit des Geräts reduzieren und den heißen Honig langsam zum Eischnee gießen. Wenn der Zuckersirup 140° hat, diesen langsam zur Eiweiß-Honig-Masse gießen. Die Masse bei mittlerer Geschwindigkeit in 5 – 8 Min. voluminös aufschlagen und nach Belieben eine Lebensmittelfarbe hinzufügen.

3. Mit einem Teigschaber die gewünschten Nüsse und Trockenfrüchte unterheben und die Masse in den vorbereiteten Backrahmen füllen. Die Masse mit der leicht geölten Knick-Palette glatt streichen und mit 2 Oblaten abdecken. Dann mind. 4 Std. ruhen lassen. Die Masse mit einem geölten scharfen Messer in 24 Riegel (à ca. 2 x 10 cm) schneiden. Auf diese Weise mit allen Nougatmassen verfahren. Luftdicht verschlossen, kühl und trocken gelagert halten die Riegel bis zu 14 Tage.

Tipp Wer's bunter will, hier noch zwei Ideen: Für einen rosa Himbeer-Kirsch-Nougat 300 g Kirschblütenhonig nehmen und rosa Gel-Lebensmittelfarbe, 270 g geröstete Mandeln, 60 g Pistazien, 120 g getrocknete Sauerkirschen und 25 g getrocknete Himbeeren wie beschrieben unterheben. Für einen lila Lavendel-Rosmarin-Nougat 300 g Waldhonig verwenden und lila Gel-Lebensmittelfarbe, je 230 g geröstete Mandeln und Haselnüsse sowie je 1 g getrockneten Lavendel und Rosmarin hinzufügen.

WICHTIGE UTENSILIEN: pro Nougatsorte: Backrahmen, 20 x 24 cm // Brett, passend zum Backrahmen // 2 Töpfe // Kerntemperaturfühler // Rührschüssel // Knick-Palette

Weißer Erdbeer-Fudge

Meine Mutter hat früher am liebsten Bonbons mit Karamell- und Erdbeer-Sahne-Geschmack genascht. Diese Fudge-Riegel kombinieren beides und sind ein köstliches, leicht mürbes Karamell-Konfekt.

ZUTATEN:
Für den Fudge:
400 g Sahne
340 g Zucker
40 g Butter
Salz
6 EL gehackte gefriergetrocknete Erdbeeren
140 g gehackte weiße Kuvertüre

Für die Glasur:
200 g gehackte weiße Kuvertüre
rote fettlösliche Lebensmittelfarbe

Ergibt: 24 Stück
Zubereitung: 1 Std.
Kühlen: mind. 4 Std.
Schwierigkeit:

WICHTIGE UTENSILIEN: Backrahmen, 20 x 24 cm // Brett, passend zum Backrahmen // Topf // Kerntemperaturfühler // Wasserbad // Metallschüssel // Knick-Palette // Papierspritzbeutel (siehe S. 25) // Zahnstocher

1. Für den Fudge den Backrahmen auf das mit Backpapier ausgelegte Brett stellen. Die Sahne mit Zucker, Butter und 1 Prise Salz im Topf unter Rühren vorsichtig aufkochen.

2. Wenn die Mischung eine Temperatur von 115° hat (mit Kerntemperaturfühler prüfen!), vom Herd nehmen und ca. 1 Min. ruhen lassen. Die Erdbeeren und die Kuvertüre mit einem Teigschaber unterheben. Die Masse in den Backrahmen füllen und mind. 4 Std. kühl stellen.

3. Für die Glasur die Kuvertüre auf dem Wasserbad temperieren (siehe S. 23) und – bis auf ca. 1 EL – auf der Fudgemasse verteilen, mit der Knick-Palette glatt streichen. Den 1 EL Kuvertüre einfärben, in den Papierspritzbeutel füllen und damit rote Linien auf die weiße Kuvertüre ziehen. Mit dem Zahnstocher darin grafische Muster zeichnen. Die Kuvertüre fest werden lassen und den Fudge in 24 Riegel (à ca. 2 x 10 cm) schneiden.

Schokoladen-Fudge mit Orange

Meine große Schwester und ich haben schon als Kinder versucht, Karamellbonbons selbst zu machen. Meist wurden sie steinhart oder gar nicht fest, lecker waren sie trotzdem. Diese Riegel gelingen garantiert!

ZUTATEN:

<u>Für den Fudge:</u>
400 g Sahne
340 g Zucker
50 g Butter
4 EL Kakaopulver
Salz
200 g gehackte Zartbitter-Kuvertüre (mind. 70 % Kakao)
100 g gehackte kandierte Orangenschale

<u>Für die Glasur:</u>
200 g gehackte Zartbitter-Kuvertüre (70 % Kakao)
30 g gehackte weiße Kuvertüre
orangefarbene fettlösliche Lebensmittelfarbe
5 ml Orangenaroma

Ergibt: 24 Stück
Zubereitung: 1 Std.
Kühlen: mind. 4 Std.
Schwierigkeit:

1. Für den Fudge den Backrahmen auf das mit Backpapier ausgelegte Brett stellen. Die Sahne mit Zucker, Butter, Kakao und 1 Prise Salz im Topf unter Rühren langsam aufkochen.

2. Wenn die Mischung eine Temperatur von 115° hat (mit Kerntemperaturfühler prüfen!), vom Herd nehmen und die Kuvertüre unterrühren, bis sie vollständig geschmolzen ist. Die Orangenstücke mit einem Teigschaber unterheben und die Masse in den Backrahmen füllen. Mind. 4 Std. kühl stellen.

3. Für die Glasur die Zartbitter-Kuvertüre über dem heißen Wasserbad temperieren (siehe S. 23) und auf der Fudgemasse verteilen, mit der Knick-Palette glatt streichen. Die weiße Kuvertüre über dem heißen Wasserbad schmelzen, einfärben und mit dem Orangenaroma mischen. In den Papierspritzbeutel füllen und damit Punkte nebeneinander auf die Kuvertüre setzen. Mit dem Zahnstocher mittig durch die Punkte streichen. Die Kuvertüre fest werden lassen, den Fudge in 24 Riegel (à ca. 2 x 10 cm) schneiden.

WICHTIGE UTENSILIEN: Backrahmen, 20 x 24 cm // Brett, passend zum Backrahmen // Topf // Kerntemperaturfühler // Wasserbad // 2 Metallschüsseln // Knick-Palette // Papierspritzbeutel (siehe S. 25) // Zahnstocher

KLEINE SÜNDEN

Süße Teilchen

Auf den nächsten Seiten zeige ich Ihnen kleine, hübsche und raffinierte Kreationen. Vielleicht verlieben Sie sich in das ein oder andere Rezept und in die süßen Teilchen.

Schaumkuss-Eistüten mit Beeren

Ich fand Schaumkuss-Wettessen auf Geburtstagspartys immer klasse, leider gibt es das in meinem Alter nicht mehr. Diese leckeren Waffeln sind zu schade für eine Wette, aber der Renner auf jeder Feier.

ZUTATEN:

Für den Hippenteig:
100 g zerlassene Butter
2 Eier · 85 g Zucker
ausgekratztes Mark von
½ Vanilleschote
185 g Mehl
100 ml lauwarmes Wasser
Öl für das Hörncheneisen

Für die Schaumkusscreme:
410 g Zucker
180 g Eiweiß
10 g Agar-Agar
1 TL Johannisbrotkernmehl
 oder Gummi Arabicum
ausgekratztes Mark von
½ Vanilleschote

Außerdem:
200 g frische Beeren (z. B.
 Brom-, Blau-, Himbeeren)
300 g gehackte weiße Kuvertüre
15 g Kokosfett

Ergibt: *12 Stück*
Zubereitung: *1 Std. 20 Min.*
Ruhen: *30 Min.*
Kühlen: *1 Std.*
Schwierigkeit:

1. Für den Hippenteig alle Zutaten mit dem Schneebesen verrühren und ca. 30 Min. ruhen lassen. Das Hörncheneisen vorheizen und die Backflächen dünn mit Öl bestreichen. Je 1½ EL Teig hineingeben und die Hippen nacheinander in ca. 2 Min. goldbraun backen. Noch heiß auf dem Waffelhorn zur Eistüte formen (dabei am besten Einmalhandschuhe tragen!). Aus dem Teig wie beschrieben 12 Eistüten backen und abkühlen lassen.

2. Für die Schaumkusscreme Zucker und 150 ml Wasser auf 120° erhitzen (mit Kerntemperaturfühler prüfen!). Sobald der Sirup kocht, nicht mehr rühren! Inzwischen die Eiweiße steif schlagen (am besten in der Küchenmaschine, weil der Sirup, der später dazugegossen wird, sehr heiß ist). Die Siruptemperatur beobachten: Wenn der Sirup eine Temperatur von 120° hat, Agar-Agar und Johannisbrotkernmehl dazugeben und den Topf wieder vom Herd nehmen. Die Eiweiße auf niedriger Stufe weiterschlagen und langsam den Sirup dazugießen. Dann auf mittlerer Stufe so lange schlagen, bis die Masse abgekühlt ist. Zuletzt das Vanillemark unterrühren.

3. Die Beeren verlesen und ggf. waschen. Mit dem Spritzbeutel jeweils etwas Creme in eine Eistüte füllen und ein paar Beeren darüberstreuen. Dann abwechselnd bis zum Waffelrand Creme und Beeren einschichten. Zuletzt aus der Creme oben eine Kugel aufspritzen. Die Eistüten in hohen Gläsern mind. 1 Std. kühl stellen.

4. Die Kuvertüre mit dem Kokosfett über dem heißen Wasserbad temperieren (siehe S. 23) und etwas abkühlen lassen. Die Eistüten einzeln bis zum Waffelrand in die Kuvertüre tauchen, etwas abtropfen und fest werden lassen. Nach Belieben mit frischen Beeren dekorieren.

WICHTIGE UTENSILIEN: 2 Rührschüsseln // Hörncheneisen // Waffelhorn // Topf // Kerntemperaturfühler // Spritzbeutel mit Sterntülle, 10 – 12 mm Ø // 12 Gläser // Wasserbad // Metallschüssel

Brownies

Diese Brownies sind durch und durch saftig, keine Nuss stört den wunderbar schokoladigen Geschmack. Viele mögen sie heiß aus dem Ofen, ich persönlich esse sie am liebsten leicht gekühlt.

ZUTATEN:

Für den Teig:
150 g Mehl
30 g Kakaopulver
¾ TL Backpulver
¼ TL Salz
300 g gehackte Zartbitter-Schokolade
 (max. 50 – 60 % Kakao)
150 g Butter · 300 g Zucker
5 Eier

Für die Dekoration:
je 50 g gehackte weiße, Vollmilch- und Zartbitter-Kuvertüre
 (70 % Kakao)

Ergibt: 9 Stück
Zubereitung: 50 Min.
Backen: 25 Min.
Schwierigkeit: 🧁🧁🧁

Tipp

Man kann die Brownies auch in Würfel schneiden und in bunte Papierförmchen stellen. So werden sie zu einem tollen Fingerfood!

WICHTIGE UTENSILIEN: Backrahmen, 25 x 25 cm // Backblech // 2 Rührschüsseln // Mehlsieb // Wasserbad // 2 Metallschüsseln

1. Den Backofen auf 170° (Umluft; hier empfehlenswert) vorheizen. Den Backrahmen auf das mit Backpapier ausgelegte Backblech stellen. Das Mehl mit Kakao, Backpulver und Salz sieben. Die Schokolade mit der Butter über dem heißen Wasserbad schmelzen (siehe S. 23, Steps 1 und 2), vom Wasserbad nehmen und ca. 5 Min. abkühlen lassen.

2. Den Zucker zur Schokoladenmischung hinzufügen und mit einem Teigschaber unterrühren. Die Eier einzeln dazugeben, dann die Mehlmischung kräftig und zügig unterheben (den Teig nicht zu lange bearbeiten, sonst wird er zäh!). Den Teig gleichmäßig in den Backrahmen füllen und im Backofen (Mitte) ca. 25 Min. backen, dann abkühlen lassen.

3. Für die Dekoration die weiße Kuvertüre in einer Metallschüssel über dem heißen Wasserbad schmelzen und mit einem Löffel in lockeren Linien über den Kuchen ziehen. Den Vorgang jeweils mit Vollmilch- und Zartbitter-Kuvertüre wiederholen. Die Kuvertüre fest werden lassen, dann den Kuchen in ca. 8 x 8 cm große Brownies schneiden.

SÜSSE TEILCHEN

Blondies

Süße Kindheitserinnerungen: Da die Blondies so kurz gebacken werden, erinnern sie mich immer ein wenig an rohen Teig, von dem wir bei meiner Großmutter naschen durften. Hmmmh, köstlich!

ZUTATEN:

<u>Für den Teig:</u>
100 g Mehl
1 TL Backpulver
¼ TL Salz
300 g gehackte weiße Schokolade
100 g Butter
100 g brauner Zucker
4 Eier
ausgekratztes Mark von
 ½ Vanilleschote
75 g gemahlene Mandeln
75 g Kokosraspel

<u>Für die Dekoration:</u>
100 g gehackte weiße Kuvertüre
fettlösliche Lebensmittelfarbe
 (nach Belieben)

Ergibt: 9 Stück
Zubereitung: 40 Min.
Backen: 20 Min.
Schwierigkeit: 🧁🧁🧁

1. Den Backofen auf 170° (Umluft; hier empfehlenswert) vorheizen. Den Backrahmen auf das mit Backpapier ausgelegte Backblech. Mehl mit Backpulver sieben. 200 g weiße Schokolade mit Butter über dem heißen Wasserbad schmelzen (siehe S. 23, Steps 1 und 2), dann ca. 5 Min. abkühlen lassen.

2. Den Zucker mit dem Teigschaber unter die Schokoladenmischung rühren. Die Eier einzeln untermischen, das Vanillemark dazugeben. Die Mehlmischung kräftig und zügig unterheben (den Teig nicht zu lange bearbeiten, sonst wird er zäh!). Mandeln, Kokosraspel und übrige gehackte Schokolade unterrühren. Den Teig gleichmäßig in den Backrahmen füllen und im Backofen (Mitte) ca. 20 Min. backen, dann abkühlen lassen.

3. Für die Dekoration die weiße Kuvertüre über dem heißen Wasserbad schmelzen und mit dem Spritzbeutel in lockeren Linien über den Kuchen ziehen. Nach Belieben einen kleinen Rest einfärben und damit noch ein paar farbige Linien ziehen. Die Kuvertüre fest werden lassen, dann den Kuchen in ca. 8 x 8 cm große Blondies schneiden.

WICHTIGE UTENSILIEN: Backrahmen, 25 x 25 cm // Backblech // 2 Rührschüsseln // Mehlsieb // Wasserbad // 2 Metallschüsseln // Papierspritzbeutel (siehe S. 25)

SÜSSE TEILCHEN

Macarons

Sie sind die Diven unter den Keksen und verdanken ihren Geschmack jeweils der gewählten Füllung – hier können Sie unter vier Ganache-Varianten wählen. Ein Teigrezept passt genau zu einem Rezept für eine Füllung.

ZUTATEN:

Für eine weiße Ganache mit Zitrone:
85 g gehackte weiße Kuvertüre
50 g Sahne
20 g Lemon Curd (siehe S. 61)

Für eine Earl-Grey-Ganache:
85 g gehackte weiße Kuvertüre
65 g Sahne · 2 TL Earl-Grey-Tee

Für eine Schokoladen-Honig-Ganache:
85 g gehackte Vollmilch-Kuvertüre
60 g Sahne
20 g flüssiger Waldhonig

Für eine Pfefferminz-Ganache:
75 g gehackte Zartbitter-Kuvertüre (70 % Kakao)
75 g Sahne
3 Tropfen Pfefferminzöl

Für den Teig:
220 g gemahlene geschälte Mandeln
200 g Puderzucker · 220 g Zucker
150 g Eiweiß (geteilt in 90 g und 60 g)
bunte Lebensmittelfarben (nach Belieben; Pulver oder Gel)

1. Zuerst die Füllung vorbereiten und mind. 4 Std. kühl stellen: Für die weiße Ganache mit Zitrone die Kuvertüre in eine Schüssel geben. Die Sahne aufkochen und über die Kuvertüre gießen, kurz ruhen lassen. Dann mit dem Schneebesen glatt rühren und den Lemon Curd unterrühren.

2. Für die Earl-Grey-Ganache die Kuvertüre in eine Schüssel geben. Die Sahne mit dem Tee aufkochen, vom Herd nehmen und ca. 10 Min. ziehen lassen. Durch ein Sieb gießen, um die Teeblätter zu entfernen. Die Sahne nochmals aufkochen und über die Kuvertüre geben, kurz ruhen lassen. Dann mit dem Schneebesen glatt rühren.

3. Für die Schokoladen-Honig-Ganache die Kuvertüre in eine Schüssel geben. Die Sahne aufkochen und über die Kuvertüre gießen, kurz ruhen lassen. Dann mit dem Schneebesen glatt rühren und den Honig unterrühren.

4. Für die Pfefferminz-Ganache die Kuvertüre in eine Schüssel geben. Die Sahne aufkochen und über die Kuvertüre gießen, kurz ruhen lassen. Dann mit dem Schneebesen glatt rühren und das Pfefferminzöl unterrühren.

5. Für den Teig drei Backbleche mit Backpapier auslegen. Die Mandeln und den Puderzucker in der Küchenmaschine oder im Mixer in ca. 3 Min. noch feiner mahlen, dann in eine Schüssel sieben. 50 ml Wasser und den Zucker im Topf verrühren und aufkochen. Sobald der Sirup kocht, nicht mehr rühren und auf 116° erhitzen (mit Kerntemperaturfühler prüfen!).

6. Inzwischen 90 g Eiweiß mit den Schneebesen der Küchenmaschine auf mittlerer Stufe halbsteif schlagen. Wenn 116° erreicht sind, das Eiweiß auf niedriger Stufe weiterschlagen und langsam den Sirup zugießen. Dann auf mittlerer Stufe so lange schlagen, bis die Masse nur noch lauwarm ist. Das kann mehrere Minuten dauern. Eventuell einfärben (siehe S. 57, Bild 1).

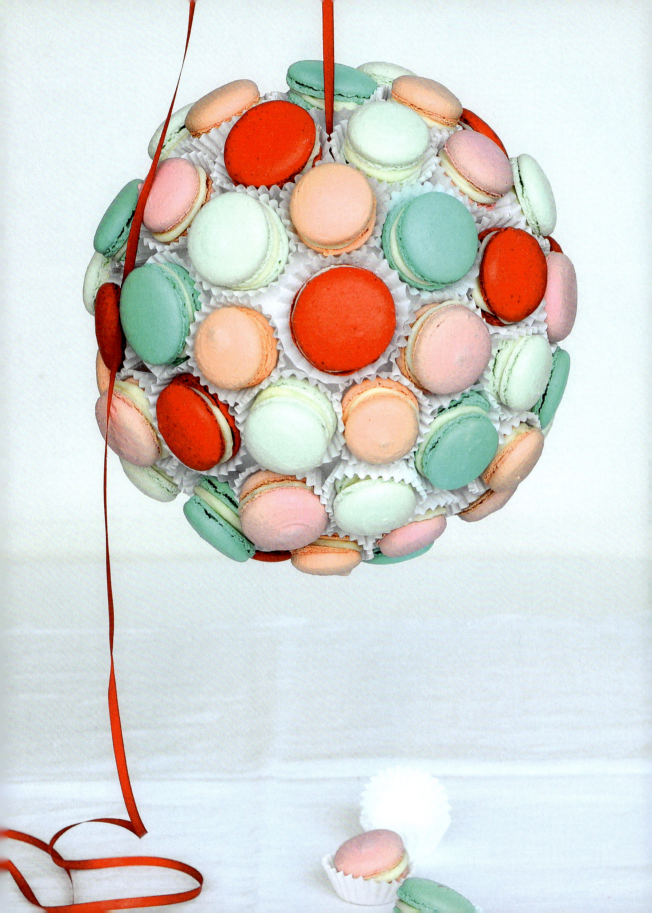

Ergibt: 35 Stück
(pro Macaron-Rezept mit 1 Füllung)
Zubereitung: 1 Std. 40 Min.
Kühlen: 16 Std.
Ruhen: 20 Min.
Backen: 12 Min.
Schwierigkeit:

Tipp

Die Zutaten sollten genau abgewogen sein und kein Arbeitsschritt darf übersprungen werden. Wenn der erste Versuch noch nicht ganz gelingt, verlieren Sie nicht den Mut! Ich selbst habe mindestens fünf Anläufe gebraucht, um perfekte Macarons zu backen. Falls die Optik ein wenig zu wünschen übrig lässt, der Geschmack ist einfach immer gut!

7. Die Mandelmischung mit 60 g Eiweiß mit dem Teigschaber zu einer dicken Masse verrühren. Die gefärbte Eiweißmasse in drei Schritten unterheben. Dabei die Masse immer mit dem Teigschaber am Schüsselrand entlang streichen, damit möglichst wenig Luft eingearbeitet wird. Die Masse ist fertig, wenn sie eine zähflüssige Konsistenz hat. Die Masse in den Spritzbeutel mit Lochtülle füllen und 70 Kreise von ca. 3 cm Ø mit ausreichend Abstand zueinander auf das Backpapier spritzen (Bild 2). Kleine Nasen mit einem feuchten Finger glatt streichen (Bild 3). Die Bleche mehrmals leicht auf die Arbeitsfläche klopfen, um kleine Luftblasen aus den Macarons zu entfernen. Ca. 20 Min. ruhen lassen.

8. Inzwischen den Backofen auf 150° (Umluft; hier empfehlenswert) vorheizen. Die Macarons im Backofen 10 – 12 Min. backen. Dann abkühlen lassen, vom Backpapier nehmen und je zwei gleich große Hälften zurechtlegen. Die Füllung in den Einmalspritzbeutel füllen und diesen vorne knapp abschneiden. Jeweils wenig Füllung auf eine Hälfte der Macarons setzen (Bild 4). Die zweite Hälfte aufdrücken und die Macarons mind. 12 Std. kühl stellen. Anschließend zügig verzehren.

9. Wer die Macarons besonders originell präsentieren möchte, kann sie zu einer Discokugel zusammenstecken. Dafür benötigt man 70 Macarons, am besten 4-mal ½ Teigrezept zubereiten und jeweils anders einfärben. Die fertigen Macarons dann in Backkapseln setzen und mit Zahnstochern auf einer Styroporkugel (ca. 25 cm Ø) befestigen. Ein Satinband mit Reißzwecken anbringen und die Macaron-Discokugel aufhängen.

WICHTIGE UTENSILIEN: Rührschüssel + Topf + Einmalspritzbeutel pro Ganache // Sieb // 3 Backbleche // Mixer // 2 Rührschüsseln // Topf // Kerntemperaturfühler // Spritzbeutel mit Lochtülle, ca. 12 mm Ø

Mini-Doughnuts

Frische selbst gemachte Doughnuts sind ein echter Genuss und ihren Aufwand unbedingt wert. Mit bunter Fondantglasur und in die Höhe gestapelt, sind sie ein tolles Highlight auf jedem Büfett.

ZUTATEN:

Für die Doughnuts:
80 ml Milch (3,8 % Fett)
17 g frische Hefe
300 g Mehl
Zimtpulver
frisch geriebene Muskatnuss
50 g brauner Zucker
Salz
75 g weiche Butter
2 zimmerwarme Eier
Mehl zum Arbeiten
1 – 2 l Sonnenblumenöl
    zum Ausbacken

Für die Dekoration:
225 g Fondant (siehe S. 21)
bunte Gel-Lebensmittelfarben
    (nach Belieben)
Nonpareilles

Ergibt: 32 Stück
Zubereitung: 40 Min.
Gehen: 1 Std. 20 Min.
Schwierigkeit: 🧁🧁🧁

WICHTIGE UTENSILIEN: 2 kleine Töpfe + 1 hoher Topf // Rührschüssel // Mehlsieb // Rollstab // Schnapsglas, 2 – 3 cm Ø

1. Für die Doughnuts die Milch lauwarm erwärmen und die Hefe darin auflösen. Das Mehl mit je 1 Prise Zimt und Muskatnuss sieben, dann Zucker und 1 Prise Salz dazugeben. Hefemilch, Butter und Eier zur Mehlmischung geben und alles mit den Knethaken des Handrührgeräts in ca. 8 Min. glatt kneten. Zugedeckt an einem warmen Ort ca. 1 Std. gehen lassen.

2. Den Teig auf der bemehlten Arbeitsfläche ca. 1,5 cm dick ausrollen. Mit dem Schnapsglas 32 Kreise ausstechen und mit dem kleinen Finger jeweils ein Loch in die Mitte stechen. Die Teigkringel zugedeckt nochmals ca. 20 Min. gehen lassen. Das Öl ca. 5 cm hoch in den hohen Topf füllen und auf 170° erhitzen. Die Doughnuts darin portionsweise von jeder Seite ca. 1 Min. frittieren. Auf Küchenpapier entfetten und abkühlen lassen.

3. Für den Überzug den Fondant mit ca. 10 ml Wasser in einem Topf erwärmen, bis er leicht flüssig ist (bei zu starker Hitze verliert er seinen Glanz!). Fondant nach Belieben einfärben und die Doughnuts damit hauchdünn bestreichen, dann mit Nonpareilles bestreuen.

SÜSSE TEILCHEN

Domino-Fondant-Törtchen

*Schön sind diese Würfel in vielen bunten Farben, edel in nur zwei Tönen.
Mir gefällt beides! Sie können auch einzelne Buchstaben aufspritzen,
die als Törtchenkette einen Namen oder Satz ergeben.*

ZUTATEN:

Für den Teig:
⅔ Rezept Schokoladen-Rührteig (siehe S. 17)
220 g Johannisbeergelee
350 g Marzipanrohmasse
120 g Puderzucker
Butter für den Backrahmen
Puderzucker zum Arbeiten

Für die Dekoration:
900 g Fondant (siehe S. 21)
bunte Gel-Lebensmittelfarben

Ergibt: 20 Stück
Zubereitung: 2 Std.
Backen: 45 Min.
Kühlen: 40 Min.
Trocknen: 1 Std.
Schwierigkeit:

1. Für den Teig den Backofen auf 170° (Umluft; hier empfehlenswert) vorheizen. Den Backrahmen einfetten und auf das mit Backpapier ausgelegte Backblech stellen. Den Rührteig zubereiten und in den Backrahmen füllen. Im Backofen (Mitte) 40 – 45 Min. backen, dann abkühlen lassen.

2. Das Gelee aufkochen und oben auf dem Kuchen verteilen. Das Marzipan mit dem Puderzucker verkneten. Auf der mit Puderzucker bestäubten Arbeitsfläche ca. 5 mm dick zu einem Rechteck (ca. 20 x 24 cm) ausrollen und auf den Kuchen legen. Ca. 20 Min. kühl stellen. Dann die Seiten begradigen und den Kuchen in 20 Quadrate (à ca. 4,5 x 4,5 cm) schneiden. Ca. 20 Min. ins Tiefkühlfach stellen.

3. Für die Dekoration den Fondant erwärmen (nicht über 38°, mit Kerntemperaturfühler prüfen!), ggf. mit Wasser verdünnen und einfärben. Die Kuchen in die farbigen Fondants tauchen. Überschuss abtropfen lassen und mit einem feuchten Finger die Ränder glatt streichen. Die Törtchen auf einem Kuchengitter 1 Std. trocknen lassen, dann in Backkapseln setzen.

Tipp

Zum Überziehen mit Fondant stecken Sie am besten zwei Zahnstocher unten in die Törtchen und tauchen sie damit ein.

WICHTIGE UTENSILIEN: Backrahmen, 20 x 24 cm // Backblech // 3 Töpfe // Rollstab // Kerntemperaturfühler // mehrere kleine Schüsseln // 20 Backkapseln

SÜSSE TEILCHEN

Buttermilch-Cupcakes mit Lemon Curd

*Diese Cupcakes sind herrlich süß und sauer zugleich.
Mein absolutes Lieblingsrezept für Gartenpartys im Sommer!
Und ein Grundrezept für Zitronenjulienne.*

ZUTATEN:

Für die Böden:
115 g weiche Butter · 160 g Zucker
2 Eier · 160 g Mehl · Salz
1 TL Backpulver · 125 g Buttermilch · abgeriebene Schale von
1 Bio-Zitrone

Für den Curd:
1 Ei · 50 g Zucker · abgeriebene Schale von ½ Bio-Zitrone · Saft von
1 Zitrone · 15 g weiche Butter

Für die Creme:
400 g Frischkäse (Doppelrahmstufe) · 150 g Puderzucker
ausgekratztes Mark von ½ Vanilleschote · 50 g Buttermilch
3 EL Zitronensaft · 50 g Sahne

Für die Dekoration:
1 Bio-Zitrone · 400 g Zucker
essbare Blüten (nach Belieben;
z. B. Bellis)

Ergibt: 12 Stück
Zubereitung: 1 Std. 20 Min.
Backen: 25 Min.
Schwierigkeit:

1. Für die Böden den Backofen 170° (Umluft; hier empfehlenswert) vorheizen. Muffinblech mit Backkapseln auskleiden. Butter und Zucker schaumig rühren, Eier einzeln dazugeben. Das Mehl mit 1 Prise Salz und Backpulver sieben, abwechselnd mit der Buttermilch in fünf Schritten unterrühren, Zitronenschale hinzufügen. Den Teig mit dem Spritzbeutel mit Lochtülle in die Backkapseln füllen. Im Backofen (Mitte) ca. 25 Min. backen. Im Blech ca. 15 Min. abkühlen lassen, dann herausnehmen und ganz abkühlen lassen.

2. Inzwischen für den Curd alle Zutaten über dem heißen Wasserbad unter Rühren erwärmen. Mit dem Schneebesen zu einer dicklichen Creme rühren, das kann 10 – 15 Min. dauern. Durch ein Sieb streichen und dann abkühlen lassen. Für die Creme Frischkäse mit Puderzucker und Vanillemark cremig aufschlagen. Buttermilch und Zitronensaft unterrühren, Sahne langsam dazugießen und alles fest und fluffig schlagen, dann kühl stellen.

3. Währenddessen für die Dekoration die Zitrone heiß waschen, abtrocknen und schälen (nicht das Weiße!). In feine Streifen schneiden und in Wasser bissfest kochen, dann durch ein Sieb gießen und beiseitestellen. 250 ml Wasser und 350 g Zucker in einem Topf aufkochen, Zitronenstreifen dazugeben und bei mittlerer Hitze 15 Min. einkochen. Herausnehmen, auf Backpapier verteilen, mit dem übrigen Zucker bestreuen und abkühlen lassen.

4. In die Böden oben jeweils ein kegelförmiges Loch schneiden und etwas Curd hineingeben. Die Spitze des Teigkegels abschneiden, den Kegel wieder aufsetzen. Die Creme mit dem Spritzbeutel mit Sterntülle spiralförmig aufspritzen und zuletzt die Cakes mit Zitronenjulienne und Blüten dekorieren.

Tipp Teigreste können Sie für Cakepops (siehe S. 64) verwenden. Julienne lassen sich genauso aus Bio-Limetten und -Orangen herstellen.

WICHTIGE UTENSILIEN: 12er-Muffinblech // 12 Backkapseln // 2 Rührschüsseln // Mehlsieb // Spritzbeutel mit Loch- und Sterntülle, ca. 8 mm Ø // Wasserbad // Metallschüssel // Sparschäler // Topf

SÜSSE TEILCHEN

Mini-Cupcakes mit Himbeercreme

*Das ist (nicht nur im Sommer) die beliebteste Cupcake-Sorte
in unserem Café: Schokoladig, fruchtig und nicht zu süß.
Klein wie im Puppenstübchen, aber oho!*

ZUTATEN:

<u>Für die Böden:</u>
½ Rezept Schokoladen-Rührteig
   (siehe S. 17)
100 g gehackte TK-Himbeeren

<u>Für die Creme:</u>
400 g Frischkäse
   (Doppelrahmstufe)
100 g Puderzucker
100 g passiertes Himbeerpüree
   (siehe Tipp S. 136)

<u>Für die Dekoration:</u>
48 frische Himbeeren

Ergibt: 48 Stück
Zubereitung: 1 Std. 10 Min.
Backen: 20 Min.
Schwierigkeit: 🧁🧁🧁

WICHTIGE UTENSILIEN:
2 x 24er-Mini-Muffinbleche //
48 Mini-Backkapseln // Mull- oder
Küchentuch // Rührschüssel //
Spritzbeutel mit Loch- und Sterntülle, ca. 8 mm Ø

1. Für die Böden den Backofen auf 170° (Umluft; hier empfehlenswert) vorheizen. Die Mulden der Muffinbleche mit den Backkapseln auskleiden. Den Schokoladen-Rührteig nach dem Grundrezept zubereiten, dabei zum Schluss die Himbeeren unterrühren. Den Teig mit dem Spritzbeutel mit Lochtülle bis ca. 5 mm unter den Rand in die Backkapseln füllen. Im Backofen (Mitte) 18 – 20 Min. backen, dann abkühlen lassen.

2. Für die Creme den Frischkäse in ein Mull- oder Küchentuch geben und die Flüssigkeit herausdrücken. Den Frischkäse und den Puderzucker mit den Schneebesen des Handrührgeräts oder der Küchenmaschine schaumig rühren. Langsam das Himbeerpüree dazugießen und alles in 5 – 8 Min. cremig aufschlagen. Bis zur Verwendung kühl stellen.

3. Die Himbeeren verlesen und ggf. waschen. Die Creme in den Spritzbeutel mit Sterntülle füllen und spiralförmig auf die Böden spritzen. Bis zum Verzehr kühl stellen, dann mit den Himbeeren dekorieren.

SÜSSE TEILCHEN

Fairy Cakes

Süß und saftig, so mögen die Briten ihre Cupcakes. Den Name »Feen-Kuchen« finde ich absolut passend für die liebevoll verzierten Küchlein, die besser in der Hand liegen als ein Stück Torte.

1. Für die Cakes den Backofen auf 170° (Umluft; hier empfehlenswert) vorheizen. Die Mulden der Muffinbleche mit den Backkapseln auskleiden. Den Rührteig nach dem Grundrezept zubereiten und mit dem Spritzbeutel bis ca. 1 cm unter den Rand in die Backkapseln füllen. Im Backofen (Mitte) ca. 25 Min. backen, dann abkühlen lassen. Die Konfitüre mit wenig Wasser aufkochen und die Küchlein damit oben bestreichen.

2. Für die Dekoration den Fondant vorsichtig erwärmen (nicht über 38°, mit Kerntemperaturfühler prüfen!), ggf. mit Wasser verdünnen und einfärben. Jede Farbe in eine Schüssel füllen und die Cakes bis zum Backkapselrand darin eintauchen. Überschuss abtropfen lassen und mit einem feuchten Finger die Ränder glatt streichen. Den Fondant ca. 1 Std. trocknen lassen.

3. Mit der Eiweißspritzglasur grafische Muster mit dem Papierspritzbeutel aufzeichnen und trocknen lassen. Zuletzt die Fondantblüten mit etwas Glasur auf die Cakes kleben.

ZUTATEN:
Für die Cakes:
1 Rezept Vanille-Rührteig (siehe S. 16)
100 g Aprikosenkonfitüre

Für die Dekoration:
450 g Fondant (siehe S. 21)
bunte Gel-Lebensmittelfarben (nach Belieben)
½ Rezept Eiweißspritzglasur (siehe S. 24)
Fondantblüten (siehe S. 22)

Ergibt: 24 Stück
Zubereitung: 2 Std.
Backen: 25 Min.
Trocknen: 1 Std.
Schwierigkeit: 🧁🧁🧁

Tipp

Falls der Fondant während des Arbeitens zu kalt wird, einfach wieder etwas erwärmen. Das geht auch gut in der Mikrowelle.

WICHTIGE UTENSILIEN: 2 x 12er-Muffinbleche // 24 Backkapseln // Spritzbeutel mit Lochtülle // 3 Töpfe // Kerntemperaturfühler // kleine Schüsseln // Papierspritzbeutel (siehe S. 25)

SÜSSE TEILCHEN

Zitronen-Cakepops

Oft bleiben beim Backen von Torten Kuchenreste übrig, und man weiß nicht so recht, was man damit tun soll (außer Naschen natürlich). Mein Tipp: Am besten einfrieren und, wenn man Lust auf »Kuchen am Stiel« bekommt, einfach auftauen und loslegen!

ZUTATEN:

Für den Teig:
½ Rezept gebackener Vanille-Rührteig (siehe S. 16)
50 g Frischkäse (Doppelrahmstufe)
50 g Puderzucker
4 EL Lemon Curd (siehe S. 61) oder Zitronenmarmelade
abgeriebene Schale von 1 Bio-Zitrone

Für die Dekoration:
500 g gehackte weiße Kuvertüre
fettlösliche Lebensmittelfarbe (nach Belieben)
kandierte Zitronenjulienne (siehe S. 61)
Glitzer oder Perlen (nach Belieben)

Ergibt: *24 Stück*
Zubereitung: *1 Std. 20 Min.*
Kühlen: *mind. 3 Std.*
Schwierigkeit: 🧁🧁🧁

1. Für den Teig alle Zutaten in die Schüssel geben und mit den Händen verkneten, bis eine glatte Masse entstanden ist. Ca. 1 Std. kühl stellen. Aus dem Teig 24 Kugeln formen, jede Kugel sollte ca. 25 g wiegen. Die Teigkugeln auf dem Backblech mind. 2 Std. kühl stellen.

2. Für die Dekoration 400 g Kuvertüre über dem heißen Wasserbad temperieren (siehe S. 23). Vom Wasserbad nehmen, die restliche Kuvertüre dazugeben und unter Rühren vollständig schmelzen. Dann die geschmolzene Kuvertüre für ca. 30 Sek. zurück auf das heiße Wasserbad stellen und rühren.

3. Die Lolli-Stiele mit einer Spitze in die Kuvertüre tauchen und jeweils in eine Teigkugel stecken (so halten die Stiele später besser!). Anschließend die Teigkugeln am Stiel halten und vollständig in die Kuvertüre tauchen. Kurz abtropfen lassen, dann die Cakepops zum Trocknen in die Styroporplatte stecken. Solange die Kuvertüre noch nicht ganz fest ist, die Cakepops nach Belieben mit Zitronenjulienne und Perlen dekorieren.

4. Wer die Cakepops besonders hübsch präsentieren möchte, kann sie beispielsweise auf eine Styroportorte stecken. Dafür 2 runde, verschieden große Styroporscheiben rundum mit passend geschnittenem Papier bekleben und die kleine Scheibe mittig auf die große kleben. In beide Scheiben oben kleine Löcher piken und die fertigen Cakepops hineinstecken.

Tipp Falls die weiße Kuvertüre nach dem Temperieren oder Schmelzen noch sehr zähflüssig ist, können Sie etwas Kokosfett dazuschmelzen und sie auf diese Weise verflüssigen.

WICHTIGE UTENSILIEN: Rührschüssel // Backblech // Wasserbad // Metallschüssel // 24 Lolli-Stiele // Styroporplatte, ca. 3 cm dick

Cheesecake-Zylinder Semifreddo

Für Gäste mache ich immer ein Dessert, das sich gut vorbereiten lässt: So verpasse ich nicht die lustigsten Momente, weil ich gerade in der Küche stehe. Diese halbgefrorenen Cheesecakes sind dafür ideal – und es macht so viel Spaß, in sie reinzubeißen!

ZUTATEN:

Für den Mürbeteig:
160 g Dinkelvollkornmehl
80 g kalte Butter
40 g brauner Zucker
1 Eigelb
abgeriebene Schale von
   1 Bio-Zitrone
Mehl zum Arbeiten

Für die Cheesecake-Masse:
8 g Agar-Agar
150 g saure Sahne
500 g Frischkäse
200 g Puderzucker
Saft von ½ Zitrone
150 g passiertes Blaubeerpüree
   (siehe Tipp S. 136)

Ergibt: 12 Stück
Zubereitung: 1 Std. 20 Min.
Kühlen: mind. 4 Std.
Backen: 8 Min.
Schwierigkeit: 🧁🧁🧁

1. Aus den Zutaten nach dem Grundrezept (siehe S. 20) einen Mürbeteig zubereiten. In Frischhaltefolie wickeln und mind. 2 Std. oder über Nacht kühl stellen. Den Backofen auf 180° (Umluft; hier empfehlenswert) vorheizen. Das Backblech mit Backpapier auslegen. Den Mürbeteig auf der bemehlten Arbeitsfläche ca. 5 mm dick ausrollen, 12 Böden ausstechen und auf das Backpapier setzen. Im Backofen (Mitte) in ca. 8 Min. goldbraun backen. Übrigen Mürbeteig einfrieren oder Kekse daraus backen.

2. Für die Cheesecake-Masse das Agar-Agar mit 50 ml Wasser verrühren und aufkochen. Vom Herd nehmen und die Hälfte der sauren Sahne unterrühren. Übrige saure Sahne, Frischkäse, Puderzucker und Zitronensaft mit dem Schneebesen aufschlagen, dann die Agar-Agar-Mischung unterrühren.

3. Ein Viertel der Cheesecake-Masse mit einem Spritzbeutel auf die Papierzylinder verteilen. In die restliche Masse die Hälfte des Blaubeerpürees rühren (Bild 2). Davon wiederum die Hälfte in einen neuen Spritzbeutel füllen und vorsichtig auf die weiße Masse in die Zylinder spritzen. Die restliche Masse mit dem übrigen Blaubeerpüree mischen (Bild 3), in einen weiteren Spritzbeutel füllen und bis zum Rand aufspritzen. Die Zylinder in hohen Tassen mind. 2 Std. ins Tiefkühlfach stellen.

4. Zum Servieren die Törtchen vorsichtig aus den Zylindern lösen. Wenn sie sich nicht von alleine lösen, mit einem in heißes Wasser getauchten Küchentuch anwärmen. Auf die Keksböden stürzen und nach Belieben mit frischen Blaubeeren dekorieren (Bild 4).

Tipp Um die Cheesecake-Zylinder in Form zu bringen, verwende ich selbst gemachte Papierspritzbeutel. Die gefüllten Papierzylinder stelle ich dann zum Kühlen in hohe Tassen (Bild 1).

WICHTIGE UTENSILIEN: Backblech // Rollstab // runde Keksausstecher, ca. 5 cm Ø // Topf // Rührschüssel // 3 Spritzbeutel mit Lochtülle // 12 große Papierspritzbeutel (siehe S. 25) // 12 hohe Tassen

Veilchen-Teilchen

Meine Veilchen-Teilchen sind durch ihre geometrische Form und ihre besondere Farbe eine Freude fürs Auge und mit ihrem außergewöhnlichen blumigen Geschmack ein Fest für den Gaumen.

ZUTATEN:

Für den Mürbeteig:
150 g kalte Butter · 75 g brauner Zucker · 75 g gemahlene Mandeln 220 g Mehl · 1 Ei · ½ TL gemahlener Kardamom · 50 g Veilchenzucker (z. B. von Sosa) · Mehl zum Arbeiten

Für das Brombeergelee:
500 g passiertes Brombeerpüree (siehe Tipp S. 136) · 100 g Puderzucker · 2 g Agar-Agar

Für die Mousse:
1 Vanilleschote · 300 ml Milch 120 g Veilchenzucker · 5 g Agar-Agar · 3 Eigelb · 4 TL Speisestärke 400 g Sahne

Für das Veilchengelee:
4 EL Veilchenzucker · 4 g Agar-Agar · lila Gel-Lebensmittelfarbe 12 frische Veilchenblüten

Ergibt: 12 Stück
Zubereitung: 2 Std.
Kühlen: mind. 5 Std.
Backen: 15 Min.
Schwierigkeit: 🧁🧁🧁

1. Für den Mürbeteig alle Zutaten (außer dem Veilchenzucker) zu einem glatten Teig verkneten, in Folie wickeln und mind. 2 Std. kühl stellen.

2. Den Backofen auf 175° (Umluft; hier empfehlenswert) vorheizen. Das Backblech mit Backpapier auslegen. Den Teig auf der bemehlten Arbeitsfläche zu einem Quadrat (ca. 22 x 32 cm) ausrollen, auf das Backpapier legen und mit Veilchenzucker bestreuen. Im Backofen (Mitte) ca. 15 Min. backen. Den Boden noch warm zuschneiden (ca. 20 x 30 cm), abkühlen lassen und in den Backrahmen auf das Tortenblech setzen.

3. Inzwischen für das Brombeergelee Püree, Puderzucker und Agar-Agar verrühren und ca. 2 Min. aufkochen. Ca. 10 Min. abkühlen lassen, dann auf den Boden gießen. Mind. 45 Min. kühl stellen, bis das Gelee fest wird.

4. Für die Mousse die Vanilleschote längs aufschlitzen und das Mark herauskratzen. Die Milch mit Vanillemark und -schote, Veilchenzucker und Agar-Agar verrühren und langsam erhitzen. Die Eigelbe mit der Stärke in einer Tasse verrühren, mit etwas lauwarmer Vanillemilch glatt rühren und in die restliche Vanillemilch gießen. Alles unter Rühren aufkochen, dann in eine Schüssel füllen und abkühlen lassen. Die Sahne steif schlagen und vorsichtig mit einem Teigschaber unterheben.

5. Die Mousse auf dem Gelee glatt verstreichen und den Kuchen ca. 2 Std. kühl stellen. Für das Veilchengelee 400 ml Wasser mit Veilchenzucker und Agar-Agar aufkochen, abkühlen lassen und einfärben. Frische Blüten gleichmäßig auf der Mousse verteilen und das abgekühlte Gelee vorsichtig darübergießen, den Kuchen mind. 1 Std. kühl stellen. Vorsichtig aus dem Rahmen lösen und in 12 Rechtecke schneiden.

WICHTIGE UTENSILIEN: 3 Töpfe // Rührschüssel // Backblech // Rollstab // Backrahmen, 20 x 30 cm // Tortenblech // Tasse // Palette // Sieb

»Sesam öffne dich!«

Diese kleinen Schätze finden Sie zwar nicht in einer Schatzkammer, ich kann mir aber vorstellen, Ali Baba hätte auch dafür die vierzig Räuber bezwungen.

ZUTATEN:

Für den Biskuit:
40 g Mehl · 15 g Speisestärke
3 Eier · 100 g Zucker · Salz
Butter für den Backrahmen
Puderzucker zum Arbeiten

Für die Mousse:
100 ml Milch
50 g schwarze Sesampaste
100 g Zucker · 5 g Agar-Agar
500 g Sahne

Für das Gelee:
300 ml klarer Apfelsaft
6 g Agar-Agar
grüne Gel-Lebensmittelfarbe
 (nach Belieben)
2 grüne Äpfel (in dünnen
 Schnitzen, mit Schale)

Ergibt: *18 Stück*
Zubereitung: *1 Std. 20 Min.*
Backen: *5 Min.*
Kühlen: *mind. 1 Std. 20 Min.*
Schwierigkeit:

1. Den Backofen auf 190° (Umluft; hier empfehlenswert) vorheizen. Den Backrahmen einfetten und auf das mit der Silikonmatte ausgelegte Backblech stellen. Aus den Zutaten nach dem Grundrezept (siehe S. 18 und Tipp) eine Biskuitmasse zubereiten und gleichmäßig im Backrahmen verteilen. Im Backofen (Mitte) ca. 5 Min. backen. Mit Puderzucker bestäuben und stürzen, die Silikonmatte abziehen und den Biskuit abkühlen lassen. Mit einem Dessertring 18 Böden ausstechen und jeweils in einen Dessertring auf das Tortenblech setzen.

2. Für die Mousse Milch, Sesampaste, Zucker und Agar-Agar aufkochen, vom Herd nehmen und ca. 10 Min. abkühlen lassen. Die Sahne steif schlagen und vorsichtig mit einem Teigschaber unter die Sesammasse heben. Mit dem Spritzbeutel jeweils die Mousse bis knapp unter den Rand aufspritzen. Die Törtchen mind. 30 Min. kühl stellen.

3. Für das Gelee Saft und Agar-Agar aufkochen, vom Herd nehmen und ca. 10 Min. abkühlen lassen. Je 3 – 4 schöne Apfelschnitze fächerartig auf die Mousse legen und mit dem abgekühlten Gelee bis zum Rand aufgießen. Mind. 30 Min. kühl stellen, bis das Gelee fest wird. Zum Servieren die Törtchen vorsichtig aus den Dessertringen lösen (siehe Tipp S. 92).

Tipp Der Biskuit wird hier ganz klassisch ohne Butter hergestellt. Bereiten Sie den Teig wie im Grundrezept auf S. 18 beschrieben zu und vernachlässigen Sie einfach Schritt 4.

WICHTIGE UTENSILIEN: Backrahmen 30 x 40 cm // Silikonmatte // Backblech // Palette // 18 Dessertringe, 7,5 cm Ø, 5,5 cm Höhe // Tortenblech // 2 Töpfe // Rührschüssel // Spritzbeutel mit Lochtülle

SÜSSE TEILCHEN

Konfetti-Törtchen

*Diese kleinen Törtchen haben den »Stimmungsaufheller-Faktor«.
Mit ihren bunten Nonpareilles machen sie schon beim Anschauen gute Laune –
und beim Probieren sowieso …*

ZUTATEN:

Für die Böden:
420 g Mehl
2 TL Backpulver
½ TL Natron · Salz
275 g weiche Butter
400 g Zucker · 4 Eier (L)
225 g Buttermilch
100 g gehackte TK-Himbeeren
Butter und Mehl für die Form

Für die Creme:
250 g weiche Butter
ausgekratztes Mark von
 1 Vanilleschote
170 g Zucker · 2 Eiweiß

Für die Dekoration:
200 g Himbeerkonfitüre
400 g Nonpareilles
 (bunt oder einzelne Farben)

Ergibt: 12 Stück
Zubereitung: 1 Std. 40 Min.
Backen: 30 Min.
Schwierigkeit:

1. Für die Böden den Backofen auf 175° (Umluft; hier empfehlenswert) vorheizen. Die Formen einfetten und mit Mehl bestäuben. Mehl mit Backpulver, Natron und 1 Prise Salz sieben. Butter und Zucker cremig aufschlagen, die Eier einzeln dazugeben und jeweils nur kurz verrühren. Mehlmischung und Buttermilch abwechselnd in fünf Schritten unterrühren, zuletzt Himbeeren untermischen. Den Teig bis ca. 2,5 cm unter den Rand in die Formen füllen und im Backofen (Mitte) 25 – 30 Min. backen. Ca. 10 Min. abkühlen lassen, dann aus den Formen lösen und vollständig abkühlen lassen.

2. Währenddessen für die Creme die Butter mit dem Vanillemark cremig aufschlagen. Den Zucker mit 50 ml Wasser ohne Rühren auf 118° erhitzen (mit Kerntemperaturfühler prüfen!). Inzwischen die Eiweiße auf mittlerer Stufe halbsteif schlagen. Wenn 115° erreicht sind, die Küchenmaschine kurz auf eine hohe Stufe stellen. Bei 118° die Eiweiße auf niedriger Stufe weiterschlagen und langsam den Sirup dazugießen. So lange auf mittlerer Stufe schlagen, bis die Masse zimmerwarm ist, das kann ca. 10 Min. dauern. Dann die Vanillebutter löffelweise dazugeben und alles so lange schlagen, bis eine cremige Buttermasse entstanden ist.

3. Die Mini-Kuchen mit einem Sägemesser horizontal in je drei Böden teilen, die Oberflächen eventuell etwas begradigen. Je 1 Boden auf das Tortenblech setzen, mit Konfitüre bestreichen und etwas Creme daraufstreichen. Zweiten Boden aufsetzen und ebenso mit Konfitüre und Creme bestreichen, zuletzt den dritten Boden auflegen. Die Törtchen mit der Palette rundum ca. 5 mm dick mit Creme ummanteln. Die Nonpareilles in eine flache Schale füllen, die Törtchen rundum hineintauchen und mit den Perlen dekorieren.

WICHTIGE UTENSILIEN: 12 Mini-Tortenformen, 8,5 cm Ø, ca. 7,5 cm Höhe // Mehlsieb // 4 Rührschüsseln // Topf // Kerntemperaturfühler // Tortenblech // kleine Palette

Eclairs

Ich liebe Eclairs! Wenn wir sie im Café zubereiten, kann ich nicht anders – ich muss mir immer eins mopsen. Hier haben Sie die Wahl zwischen vier Füllungen, zu denen Sie die Glasur jeweils passend einfärben können.

ZUTATEN:

<u>Für eine Blaubeerfüllung:</u>
200 g gehackte weiße Kuvertüre
50 g passiertes Blaubeerpüree
(aus TK-Beeren, siehe Tipp
S. 136) · 150 g Sahne

<u>Für eine Espresso-Füllung:</u>
100 g gehackte Zartbitter-Kuvertüre (70 % Kakao) · 50 ml Espresso
100 g Sahne · 30 g Zucker

<u>Für eine Frischkäsefüllung:</u>
50 ml frisch gepresster Orangensaft · abgeriebene Schale von
1 Bio-Orange · 50 g Zucker
3 g Agar-Agar · 150 g Frischkäse
100 g Sahne

<u>Für eine Himbeerfüllung:</u>
150 g passiertes Himbeerpüree
(siehe Tipp S. 136) · 50 g Zucker
3 g Agar-Agar · 200 g Sahne

<u>Für den Brandteig:</u>
100 g Mehl · 10 g Zucker · Salz
70 ml Milch · 75 g Butter · 3 Eier (S)

1. Zuerst eine der Füllungen vorbereiten: Für die Blaubeerfüllung die Kuvertüre in eine Schüssel geben. Beerenpüree und Sahne aufkochen, über die Kuvertüre gießen und kurz ruhen lassen. Dann alles glatt rühren, abkühlen lassen und mind. 1 Std. kühl stellen. Zum Füllen ca. 3 Min. aufschlagen (nicht zu lange, sonst flockt die Sahne aus!).

2. Für die Espresso-Füllung die Kuvertüre in eine Schüssel geben. Espresso, Sahne und Zucker aufkochen, über die Kuvertüre gießen und kurz ruhen lassen. Dann alles glatt rühren. Abkühlen lassen und mind. 1 Std. kühl stellen. Zum Füllen ca. 3 Min. aufschlagen (siehe oben).

3. Für die Frischkäsefüllung Orangensaft und -schale, Zucker und Agar-Agar aufkochen, vom Herd nehmen und in eine Schüssel füllen. Ca. 5 Min. abkühlen lassen, dann den Frischkäse unterrühren. Die Sahne steif schlagen und in drei Schritten unterheben. Mind. 1 Std. kühl stellen.

4. Für die Himbeerfüllung Beerenpüree, Zucker und Agar-Agar aufkochen, in eine Schüssel füllen und ca. 15 Min. abkühlen lassen. Die Sahne steif schlagen und vorsichtig in drei Schritten unterheben, dann kühl stellen.

5. Für den Brandteig Mehl, Zucker und 1 Prise Salz in eine Schüssel sieben. 100 ml Wasser, Milch und Butter in einem Topf aufkochen. Die Mehlmischung mit dem Holzlöffel in die kochende Flüssigkeit rühren. So lange rühren, bis die Masse eine Kugel bildet und nicht mehr am Topfrand klebt. Vom Herd nehmen und ca. 10 Min. ruhen lassen.

6. Die Masse nochmals unter Rühren erhitzen, bis sie wieder eine Kugel bildet und nicht mehr am Topfrand klebt. Die Teigkugel in die Schüssel setzen und die verquirlten Eier unter Rühren in mehreren Schritten dazugeben. So lange mit dem Holzlöffel rühren, bis der Teig weich und glänzend ist, das kann einige Minuten dauern.

Für die Dekoration:
450 g Fondant (siehe S. 21)
bunte Gel-Lebensmittelfarben (nach Belieben)

Ergibt: 15 Stück
(pro Eclair-Rezept mit 1 Füllung)
Zubereitung: 2 Std. 20 Min.
Kühlen: mind. 1 Std.
Backen: 20 Min.
Schwierigkeit:

Tipp

Die nicht gefüllten Eclairs lassen sich gut einfrieren und sollten vor dem Servieren bei 200° (Umluft) nochmals ca. 7 Min. aufgebacken werden.

7. Den Backofen auf 200° (Umluft; hier empfehlenswert) vorheizen. Drei Backbleche mit Backpapier auslegen. Den Brandteig mit dem Spritzbeutel mit großer Lochtülle in ca. 2,5 x 12 cm großen Streifen (Abstand mind. 3 cm) auf das Backpapier spritzen. Im Backofen zuerst ca. 10 Min. backen, dann die Backofentemperatur auf 180° herunterschalten und die Eclairs noch ca. 10 Min. weiterbacken. Anschließend abkühlen lassen.

8. Mit dem Holzstäbchen nebeneinander je vier Löcher in die Unterseite der Eclairs stechen. Die Füllung mit dem Spritzbeutel mit kleiner Lochtülle in jedes Loch spritzen.

9. Für die Dekoration den Fondant vorsichtig erwärmen (nicht über 38°, mit Kerntemperaturfühler prüfen!) und ggf. mit wenig Wasser verdünnen. Die Konsistenz sollte nicht zu flüssig sein. Beliebig einfärben, am besten die Farbe auf die Füllung abstimmen (Bilder 1 – 4). Wenn der Fondant zu kalt wird, einfach wieder etwas erwärmen. Die Eclairs auf der Oberseite (ohne Löcher!) mit dem Fondant bestreichen. Überschuss abtropfen lassen, mit einem feuchten Finger die Ränder glatt streichen und den Fondant anziehen lassen. Die Eclairs bald servieren, sie sollten max. 3 Std. im Kühlschrank aufbewahrt werden.

WICHTIGE UTENSILIEN: 2 – 3 Rührschüsseln // 3 Töpfe // Mehlsieb // Holzlöffel // 3 Backbleche // Spritzbeutel mit 2 Lochtüllen, ca. 20 und 5 mm Ø // Holzstäbchen // Kerntemperaturfühler

1.

2.

3.

4.

Kuchen & Mini-Kuchen

Der Duft von frisch gebackenen Kuchen entschleunigt so schön den Alltag und bringt die Liebsten ganz schnell an Ihren Tisch!

Käsekuchen ohne Boden

Als Gast einer TV-Talkshow habe ich einmal diesen Kuchen mitgebracht und konnte mich danach kaum retten vor dem Ansturm der Käsekuchenliebhaber! Das Rezept ist von der Mutter meines Freundes Sebastian, allerdings habe ich es noch einen Hauch verfeinert.

ZUTATEN:
6 Eier
115 g Mehl
15 g Speisestärke
1 TL Backpulver
250 g weiche Butter
250 g Zucker
1 Bio-Zitrone
ausgekratztes Mark von
 1 Vanilleschote
1 kg Quark
½ TL Salz

Zubereitung: *1 Std. 20 Min.*
Backen: *50 Min.*
Kühlen: *6 Std.*
Schwierigkeit:

Tipp

Eiweiße sollten Sie immer in einer absolut fettfreien Schüssel und mit sauberen Schneebesen steif schlagen. Fettspuren lassen den Eischnee nicht richtig fest werden.

1. Den Backofen auf 150° (Umluft; hier empfehlenswert) vorheizen. Den Boden sowie den Rand der Springform mit Backpapier auslegen. Die Eier trennen, Eiweiße und Eigelbe jeweils in eine Schüssel geben.

2. Das Mehl mit Stärke und Backpulver in eine weitere Schüssel sieben. Die Butter zu den Eigelben dazugeben und mit den Schneebesen des Handrührgeräts schaumig rühren, dabei den Zucker langsam einrieseln lassen. Die Masse sollte eine hellgelbe Farbe haben.

3. Die Zitrone heiß waschen und abtrocknen, nur die Hälfte (!) der Zitronenschale mit der Küchenreibe abreiben. Die Zitrone halbieren und eine Hälfte auspressen. Zitronenschale und -saft sowie Vanillemark ebenfalls mit der Eigelbmasse verrühren.

4. Die Mehlmischung mit der Eigelbmasse verrühren. Den Quark zügig unterheben. Die Eiweiße steif schlagen und dabei das Salz einrieseln lassen. Den Eischnee vorsichtig unterheben (nicht zu lange rühren, sonst wird der Käsekuchen nicht fluffig!). Die Masse in die Springform füllen und mit einem Teigschaber etwas glatt streichen.

5. Den Kuchen im Backofen (Mitte) 45 – 50 Min. backen. Der Käsekuchen sollte dann schön aufgegangen sein und noch einen flüssigen Kern besitzen. Den Kuchen abkühlen lassen und mind. 6 Std. kühl stellen, dann servieren. Dieser Käsekuchen schmeckt auch köstlich mit Bio-Orangensaft und -schale anstelle der Zitrone. Die Vanille können Sie durch etwas geriebene Tonkabohne ersetzen. Dazu passen Himbeeren sehr gut – im Ganzen oder püriert.

WICHTIGE UTENSILIEN: Springform, 26 cm Ø // 3 Rührschüsseln // Mehlsieb // Küchenreibe

Limettentörtchen im Streifenhemd

*Wie hübsch sie sind, in ihren kleinen grünen Biskuithemden!
Die frische Säure der Limetten macht diese Törtchen zu einem
(gefühlt) leichten Dessert …*

ZUTATEN:

Für die Dekormasse:
2 Eiweiß
70 g Puderzucker
70 g Mehl
40 g zerlassene Butter
grüne Gel-Lebensmittelfarbe

Für den Biskuit:
40 g Mehl
15 g Speisestärke
3 Eier
100 g Zucker
Salz
Butter für den Backrahmen
Puderzucker zum Arbeiten

Für den Keksboden:
100 g Vollkornkekse
¼ TL gemahlener Ingwer
20 g zerlassene Butter

Für die Mousse:
400 g Sahne
4 g Agar-Agar
800 g gezuckerte Kondensmilch
  (siehe Tipp S. 84)
200 ml frisch gepresster
  Limettensaft
abgeriebene Schale von
  1 Bio-Limette

1. Für die Dekormasse die Eiweiße und den Puderzucker in einer Schüssel mit dem Schneebesen glatt rühren. Das Mehl dazugeben und kurz unterrühren. Die Butter hinzufügen und alles zu einer glatten Masse rühren. Die Dekormasse hellgrün einfärben und mit Frischhaltefolie zugedeckt mind. 30 Min. kühl stellen.

2. Die Silikonmatte auf das Backblech legen. Die kalte Dekormasse gleichmäßig dünn auf die komplette Silikonmatte streichen. Mit dem Garnierkamm ein Linienmuster hineinziehen (siehe S. 85, Bild 1) und die Masse auf dem Blech mind. 30 Min. kühl stellen.

3. Inzwischen für den Biskuit den Backofen auf 170° (Umluft; hier empfehlenswert) vorheizen. Das Mehl und die Stärke in eine Schüssel sieben. Die Eier mit dem Zucker und 1 Prise Salz in einer Metallschüssel mit dem Schneebesen verrühren. Die Masse über dem heißen Wasserbad ca. 5 Min. aufschlagen, bis sie hell und voluminös ist.

4. Die Masse vom Wasserbad nehmen und noch 3 Min. aufschlagen, bis sie leicht abgekühlt ist. Die Mehlmischung mit einem Teigschaber vorsichtig unterheben. Den Backrahmen einfetten und auf die Silikonmatte mit der gekühlten Dekormasse stellen. Die Biskuitmasse in den Rahmen gießen und mit der Knick-Palette darin gleichmäßig verteilen. Im Backofen (Mitte) ca. 5 Min. backen, dann abkühlen lassen.

5. Den Biskuit mit Puderzucker bestäuben und auf die Arbeitsfläche stürzen. Die Silikonmatte entfernen und den Biskuit quer zu den Linien in 8 ca. 5,5 x 25 cm große Streifen schneiden (siehe S. 85, Bild 2). Die Dessertringe mit den Biskuitstreifen auskleiden und auf das mit Backpapier ausgelegte Tortenblech stellen. Die Überlängen an den Enden jeweils fest in den Dessertring pressen, sodass die Enden möglichst nicht sichtbar sind.

Für die Dekoration:
200 g Sahne
8 Bio-Limettenscheiben
etwas abgeriebene Bio-Limettenschale

Ergibt: 8 Stück
Zubereitung: 1 Std. 40 Min.
Kühlen: mind. 3 Std.
Backen: 5 Min.
Schwierigkeit:

Tipp

Aus dem restlichen Biskuit können Sie kleine Formen wie Fächer oder Herzen ausschneiden und die Törtchen damit dekorieren. Gezuckerte Kondensmilch ist dickflüssiger als normale Kondensmilch und eignet sich daher gut als Basis für Cremes oder Karamell. Es gibt sie in Dosen oder in der Tube.

6. Für den Keksboden die Kekse in einer Schüssel zerbröseln und mit dem Ingwer mischen. Die Butter dazugeben und alles gut verrühren. Jeweils 1 EL Keksmasse auf den Boden jedes Dessertrings setzen und mit einem Löffel bis zum Biskuitrand verteilen, dabei gut fest drücken (Bild 3). Die Dessertringe auf dem Blech kühl stellen.

7. Für die Mousse die Sahne steif schlagen und kurz kühl stellen. Inzwischen das Agar-Agar mit 25 ml Wasser in einer Tasse verrühren. Kondensmilch, Limettensaft und -schale und das angerührte Agar-Agar im Topf unter Rühren aufkochen und ca. 2 Min. köcheln lassen. Dann auf Zimmertemperatur abkühlen lassen und die geschlagene Sahne vorsichtig unterheben.

8. Die Mousse in den Spritzbeutel mit Lochtülle füllen und jeweils bis unter den Rand in die Dessertringe spritzen. Mit der Palette die Oberflächen glatt streichen (Bild 4) und die Dessertringe mind. 2 Std. kühl stellen.

9. Die Törtchen vorsichtig aus den Dessertringen lösen (siehe Tipp S. 92). Für die Dekoration die Sahne steif schlagen und in den Spritzbeutel mit Sterntülle füllen. Jeweils einen großen Sahnetupfen auf jedes Törtchen spritzen und 1 Limettenscheibe daraufsetzen, zuletzt mit etwas abgeriebener Limettenschale bestreuen.

WICHTIGE UTENSILIEN: 5 Rührschüsseln // Silikonmatte // Backblech // Garnierkamm // Mehlsieb // Wasserbad // Metallschüssel // Backrahmen, 35 x 45 cm // Knick-Palette // 8 Dessertringe, 7,5 cm Ø, 5,5 cm Höhe // Tortenblech // Tasse // Topf // Spritzbeutel mit Loch- und Sterntülle, ca. 10 mm Ø

Gâteau des Crêpes mit Rosencreme

Der echte Crêpe-Liebhaber möchte diesen Gâteau idealerweise schon zum Frühstück serviert bekommen. Ein Plus: Dieser Kuchen kommt ohne Backofen aus.

ZUTATEN:

Für die Creme:
200 g Crème double (oder je 100 g Mascarpone und Sahne)
100 g Sahne · 40 g Puderzucker
ausgekratztes Mark von ½ Vanilleschote
4 EL Rosenwasser

Für den Teig:
300 g Mehl · 8 Eier
120 g Zucker · Salz
600 ml Milch (3,8 % Fett)
100 g zerlassene Butter
½ TL gemahlener Anis
abgeriebene Schale von ½ Bio-Zitrone

Für die Dekoration:
100 g Rosenkonfitüre
2 EL Rosenwasser
gezuckerte Rosenblüten (siehe Tipp)
kandierte Zitronenjulienne (siehe S. 61)

Zubereitung: 1 Std. 20 Min.
Kühlen: mind. 3 Std.
Schwierigkeit: 🧁🧁🧁

1. Für die Creme die Crème double mit Sahne, Puderzucker, Vanillemark und Rosenwasser 3 – 4 Min. aufschlagen, dann kühl stellen. Inzwischen für den Teig Mehl, Eier, Zucker und 1 Prise Salz verrühren und die Milch langsam dazugießen. Die Butter untermischen, dann Anis und Zitronenschale unterrühren. Die Pfanne ohne Fett erhitzen und je 3 – 4 EL Teig hineingeben. Die Crêpe von jeder Seite hauchdünn in 3 – 4 Min. goldgelb backen. Aus dem Teig wie beschrieben insgesamt 14 Crêpes backen.

2. Den Backring auf das Blech stellen und bis über den Rand mit Frischhaltefolie auslegen. 4 Crêpes beiseitelegen und den Backring mit 3 Crêpes auskleiden, dabei die Crêpes-Enden über den Rand hängen lassen.

3. Die Creme mit dem Spritzbeutel dünn auf den Crêpes-Boden spritzen. Mit 1 Crêpe bedecken, wieder eine dünne Schicht Creme aufspritzen. So fortfahren, bis alle Crêpes aufgebraucht sind. Zuletzt eine Schicht Creme aufspritzen und die überhängenden Crêpes-Ränder nach innen klappen. Mit Folie zugedeckt mind. 3 Std. kühl stellen.

4. Für die Dekoration die Konfitüre im Topf erhitzen, bis sie flüssig ist. Das Rosenwasser unterrühren und alles durch das Sieb gießen, kurz abkühlen lassen. Den Gâteau aus dem Backring lösen und die Folie entfernen. Die Hälfte der Konfitüre auf dem Gâteau verstreichen, mit der anderen Hälfte die 4 übrigen Crêpes tränken und diese auf dem Gâteau drapieren. Mit gezuckerten Rosenblüten und -blättern sowie Zitronenjulienne dekorieren.

Tipp Für gezuckerte Rosenblätter und -blüten ungespritzte Ware waschen und trocken tupfen. Mit Eischnee bestreichen und dick mit Zucker bestreuen. Dann auf Backpapier im Backofen bei 50° (Umluft) ca. 30 Min. (ganze Rosenblüten ca. 1 Std.) trocknen lassen.

WICHTIGE UTENSILIEN: 2 Rührschüsseln // beschichtete Pfanne // Backring, 16 cm Ø // Tortenblech // Spritzbeutel mit Lochtülle // Topf // Sieb

Lakritz-Karamell-Tarteletts

Entweder man liebt Lakritz – oder man ist einfach noch nicht auf den Geschmack gekommen. Mit diesen kleinen Tarteletts habe ich auch Skeptiker überzeugen können, denn der Lakritzgeschmack ist fein und nicht so dominant.

ZUTATEN:

Für die Böden:
½ Rezept Mürbeteig (siehe S. 20)
Butter für die Form
Mehl zum Arbeiten

Für den Karamell:
75 g Butter
75 g brauner Zucker
200 g gezuckerte Kondensmilch
   (siehe Tipp S. 84)

Für die Ganache:
100 g gehackte Zartbitter-
   Kuvertüre (mind. 70 % Kakao)
75 g Sahne
15 g Lakritzpaste
10 g weiche Butter

Für die Dekoration:
bunte Dragees, Stafetten oder
   kleine Figuren aus Lakritz

Ergibt: 12 Stück
Zubereitung: 1 Std.
Kühlen: mind. 3 Std.
Backen: 10 Min.
Schwierigkeit: 🧁🧁🧁

1. Für die Böden nach dem Grundrezept einen Mürbeteig zubereiten. Den Teig in Frischhaltefolie wickeln und mind. 2 Std. oder über Nacht kühl stellen.

2. Den Backofen auf 180° (Umluft; hier empfehlenswert) vorheizen. Die Mulden des Muffinblechs einfetten und mit Mehl bestäuben. Den Mürbeteig auf der bemehlten Arbeitsfläche ausrollen und mit der Tasse zwölf Kreise ausstechen (übrigen Teig einfrieren oder Kekse daraus backen). Je 1 Teigkreis in eine Mulde des Muffinblechs legen und mit einer Gabel mehrmals einstechen. Ca. 10 Min. kühl stellen. Dann die Tarteletts im Backofen (Mitte) ca. 10 Min. backen. Kurz abkühlen lassen und aus den Mulden nehmen.

3. Für den Karamell die Butter und den Zucker in einem Topf bei mittlerer Hitze zerlassen. Die Kondensmilch langsam dazugießen und alles unter Rühren kurz aufkochen. Sobald die Masse goldbraun ist, den Topf vom Herd nehmen. Den Karamell etwas abkühlen lassen, dann bis ca. 1 cm unter den Rand in die Tarteletts füllen und vollständig abkühlen lassen.

4. Für die Ganache die Kuvertüre in eine Schüssel geben. Die Sahne kurz aufkochen, über die Kuvertüre gießen und ca. 2 Min. stehen lassen. Dann alles mit der Lakritzpaste und der Butter unterrühren, bis sich die Butter aufgelöst hat. Die Lakritz-Ganache in die Tarteletts auf die Karamellmasse bis kurz unter den Rand gießen. Die Tarteletts mind. 1 Std. kühl stellen und zum Servieren mit Lakritzstückchen dekorieren.

Tipp Die Mürbeteigtarteletts lassen sich auch mit frischen Früchten wie Beeren oder Pfirsichen füllen – für den schnellen Sommergenuss!

WICHTIGE UTENSILIEN: 12er-Muffinblech oder 10 – 12 Mini-Tartelettformen, ca. 6 cm Ø // Rollstab // Tasse, ca. 12 cm Ø // 2 kleine Töpfe // Rührschüssel

Schokoladentorte mit Roter Bete

Diese vegane Torte sieht hinreißend aus – und ist dabei auch noch schokoladig! Rote Bete macht die Tortenböden saftig und gibt ihnen den tollen dunklen Farbton. Die Blütenchips aus Roter Bete lassen sich gut im Voraus zubereiten.

ZUTATEN:

Für die Dekoration:
4 mittelgroße Rote Beten
100 g Zucker
7 TL Salz
Öl zum Bestreichen

Für die Böden:
350 g Mehl
100 g Kakaopulver
2 TL Natron
½ TL Salz
350 g Zucker
300 g Rote Bete (vorgekocht)
200 ml Espresso
2 TL Essig
120 ml Sonnenblumenöl
Butter für die Form

Für die Füllung:
500 g kalte vegane Sahne
20 g Zucker
1 Päckchen Sahnesteif
ausgekratztes Mark von
 1 Vanilleschote
1 EL Rote-Bete-Saft oder rote
 Gel-Lebensmittelfarbe
 (nach Belieben)
250 g frische Himbeeren
100 g Himbeerkonfitüre

1. Für die Dekoration den Backofen auf 170° (Umluft; hier empfehlenswert) vorheizen. Drei Backbleche mit Backpapier auslegen. Die Rote-Bete-Knollen waschen, putzen und schälen. Mit dem Gemüsehobel in feine Scheiben schneiden (siehe S. 93, Bild 1).

2. In einem Topf 1 l Wasser mit Zucker und Salz aufkochen. Die Rote-Bete-Scheiben darin portionsweise (je 10 – 15 Scheiben) jeweils ca. 3 Min. kochen. Herausnehmen und mit Küchenpapier gut trocken tupfen. Auf beiden Seiten mit Öl einstreichen, auf die Bleche verteilen und im Backofen ca. 15 Min. backen. Die Rote-Bete-Scheiben sollten dann so knusprig wie Kartoffelchips sein. Die Chips abkühlen lassen, luftdicht verpacken und bis zur Verwendung unbedingt vor Feuchtigkeit schützen.

3. Für die Böden den Backofen auf 175° (Umluft; hier empfehlenswert) vorheizen. Die Springformen einfetten. Das Mehl mit Kakao, Natron und Salz in eine Schüssel sieben und den Zucker dazugeben. Die gegarte Rote Bete in Stücke schneiden und pürieren. Das Püree mit Kaffee, Essig und Öl zur Mehlmischung geben (siehe S. 93, Bild 2) und mit einem Schneebesen unterheben. Den Teig gleichmäßig in beide Springformen füllen. Die Böden im Backofen (Mitte) ca. 40 Min. backen, dann abkühlen lassen.

4. Inzwischen für die Füllung die Sahne mit Zucker, Sahnesteif und Vanillemark steif schlagen, in den Spritzbeutel füllen und bis zur Verwendung kühl stellen. Dabei nach Belieben Rote-Bete-Saft oder Lebensmittelfarbe unter die Sahne mischen – das ergibt eine hübsche rosa Färbung. Die Himbeeren verlesen und eventuell waschen.

Zubereitung: 2 Std..
Backen: 55 Min.
Kühlen: mind. 2 Std.
Schwierigkeit: 🧁🧁🧁

Tipp

Wenn Sie den Backring außen vorsichtig mit einem Bunsen- oder Flambierbrenner oder mit einem in heißes Wasser getauchten Küchentuch anwärmen, lässt er sich leichter von der Torte lösen.

5. Die beiden Tortenböden horizontal mit dem Sägemesser halbieren, sodass insgesamt vier Tortenböden entstehen, eventuell etwas begradigen. Die Himbeerkonfitüre mit 50 ml Wasser in einem Topf aufkochen und auf der Oberseite der Böden mit dem Backpinsel verstreichen.

6. Den ersten Boden in den Backring auf die Tortenpappe setzen. Von dem Spritzbeutel die Spitze abschneiden und die Sahne ca. 1 cm dick aufspritzen (Bild 3). Ein Drittel der Himbeeren darauf verteilen. Mit den nächsten zwei Böden genauso verfahren und den letzten Boden oben auflegen. Die Torte und die restliche Sahne mind. 2 Std. kühl stellen.

7. Nach der Kühlzeit den Backring vorsichtig lösen, dazu vorher mit einem scharfen Messer vom Tortenrand schneiden (siehe Tipp). Die Torte mit der restlichen kalten Sahne rundum mit der Palette ummanteln (Bild 4). Für ein professionelles Finish kann man die Torte zusätzlich unten mit einer Sahnerüsche verzieren (dafür einen Spritzbeutel mit einer Sterntülle verwenden). Zuletzt die Torte oben mit den Rote-Bete-Chips blumenförmig dekorieren, dabei in der Mitte beginnen und die Blätter spiralförmig nach außen anlegen.

WICHTIGE UTENSILIEN: 3 Backbleche // Gemüse-/Juliennehobel // 2 Töpfe // 2 Springformen, 18 cm Ø // 2 Rührschüsseln // Mehlsieb // Pürierstab und hoher Rührbecher // Backring, 18 cm Ø // Tortenpappe // Einmalspritzbeutel

1.

2.

3.

4.

Matcha-Roulade mit Sauerkirschen

Eine Biskuitroulade ist so schön altmodisch und immer hübsch anzusehen. Diese Rolle bekommt durch japanisches Matcha-Pulver einen ganz eigenen, herrlich süßen Geschmack. Dazu empfehle ich natürlich grünen Tee.

ZUTATEN:

Für den Biskuit:
50 g Mehl
15 g Speisestärke
10 g Matcha-Pulver
4 Eier
125 g Zucker
Salz
Butter für den Backrahmen
Puderzucker zum Arbeiten

Für die Füllung:
300 g frische Sauerkirschen
  (ersatzweise angetaute
  TK-Kirschen)
70 g Gelierzucker (3:1)
2 EL Kirschwasser
400 g eiskalte Sahne
ausgekratztes Mark von
  1 Vanilleschote
20 g Puderzucker

Für die Dekoration:
etwas Matcha-Pulver
frische Kirschen mit Stiel

Zubereitung: 1 Std.
Backen: 5 Min.
Schwierigkeit: 🧁🧁🧁

1. Für den Biskuit den Backofen auf 190° (Umluft; hier empfehlenswert) vorheizen. Den Backrahmen einfetten und auf das mit Backpapier ausgelegte Backblech stellen. Das Mehl mit Stärke und Matcha-Pulver sieben. Die Eier mit Zucker und 1 Prise Salz mit dem Schneebesen über dem heißen Wasserbad ca. 5 Min. aufschlagen, bis die Masse hell und voluminös ist. Vom Wasserbad nehmen und noch ca. 3 Min. aufschlagen, bis die Masse leicht abgekühlt ist. Die Mehlmischung vorsichtig mit einem Teigschaber unterheben. Die Masse gleichmäßig im Rahmen verteilen und im Backofen (Mitte) ca. 5 Min. backen, dann abkühlen lassen.

2. Inzwischen für die Füllung die Kirschen waschen, entsteinen und halbieren. Mit dem Gelierzucker aufkochen und bei mittlerer Hitze ca. 3 Min. köcheln lassen. Vom Herd nehmen, das Kirschwasser unterrühren und alles etwas abkühlen lassen. Die Sahne mit dem Vanillemark steif schlagen, dabei den Puderzucker einrieseln lassen, und bis zur Verwendung kühl stellen.

3. Den Biskuit vom Backrahmen befreien, mit Puderzucker bestäuben, auf die Arbeitsfläche stürzen und das Backpapier abziehen. Eventuell den Biskuitrand an einer der kurzen Seiten mit einem Messer schräg anschneiden. Die Kirschmasse auf dem Biskuit verteilen und die Sahne (etwas für die Dekoration abnehmen!) darauf verstreichen.

4. Den Biskuit mit dem Backpapier an der nicht angeschnittenen kurzen Seite anheben und vorsichtig aufrollen. Für eine sehr feste Rolle das Backpapier über die Rolle legen und nochmals stramm ziehen, Backpapier entfernen. Mit Sahnetupfen, Matcha-Pulver und Kirschen dekorieren.

WICHTIGE UTENSILIEN: Backrahmen, 30 x 40 cm // Backblech // 2 Rührschüsseln // Mehlsieb // Wasserbad // Metallschüssel // Palette // ggf. Kirschentsteiner // Topf

Bananenbrot mit Walnüssen und Ahornsirup

Tatsächlich ist das Bananenbrot ein köstlicher und saftiger, aber nicht zu süßer Kuchen, der sich sehr schnell zubereiten lässt. Wichtig: Je reifer die Bananen sind, desto besser und süßer wird das Aroma.

ZUTATEN:

Für den Kuchen:
3 sehr reife Bananen
360 g Mehl
1 ½ TL Natron
½ TL Salz
2 TL Zimtpulver
175 g brauner Zucker
2 TL Vanillezucker
225 ml Sonnenblumenöl
3 Eier
150 g Joghurt (3,5 % Fett)
100 g grob gehackte Walnusskerne
75 g Ahornsirup
Butter und Mehl für die Form

Für die Dekoration:
150 g gehackte Vollmilch-Kuvertüre
einige Bananenchips

Zubereitung: 1 Std. 30 Min.
Backen: 1 Std.
Kühlen: 2 – 3 Std.
Schwierigkeit: 🧁🧁🧁

WICHTIGE UTENSILIEN: Kasten- oder Brotbackform, 30 cm Länge // Pürierstab und hoher Rührbecher // Mehlsieb // 2 Rührschüsseln // Zahnstocher // Wasserbad // Metallschüssel

1. Den Backofen auf 170° (Umluft; hier empfehlenswert) vorheizen. Die Backform einfetten und mit Mehl bestäuben. Die Bananen schälen und pürieren. Das Mehl mit Natron, Salz und Zimt in eine Schüssel sieben. Zucker, Vanillezucker, Öl und Eier in einer großen Schüssel mit dem Schneebesen schaumig rühren. Bananenpüree und Joghurt dazugeben, dann die Mehlmischung unterheben und die Nüsse hinzufügen.

2. Die Masse in die Backform füllen und den Kuchen im Backofen (Mitte) ca. 30 Min. backen. Dann den Ofen auf 145° herunterschalten und das Bananenbrot noch ca. 30 Min. backen. Den Kuchen aus dem Ofen nehmen und noch warm mit dem Zahnstocher mehrmals oben einstechen. Den Ahornsirup vorsichtig darübergießen und mit dem Backpinsel gleichmäßig auf der Oberseite verteilen, dann den Kuchen 2 – 3 Std. abkühlen lassen.

3. Für die Dekoration die Kuvertüre über dem heißen Wasserbad temperieren (siehe S. 23). Den abgekühlten Kuchen damit bestreichen und mit Bananenchips dekorieren.

KUCHEN & MINI-KUCHEN

Whisky-Torte mit Trockenfrüchten

Die Trockenfrüchte dürfen 2 Tage in Whisky ziehen und geben der luxuriösen Torte ihren wunderbaren Geschmack. Vor allem in der gemütlichen Adventszeit ein echter Leckerbissen für Genießer – und das sogar an mehreren Tagen hintereinander, ohne langweilig zu werden.

ZUTATEN:

je 100 g getrocknete Sauerkirschen und Aprikosen
50 g getrocknete Cranberrys
20 g Orangeat
175 ml Whisky
80 g Vollkorndinkelmehl
½ TL Backpulver · Salz
120 g weiche Butter
150 g brauner Zucker
70 g Marzipanrohmasse · 3 Eier
270 g gehackte Zartbitter-Kuvertüre (70 % Kakao) · 100 g grob gehackte kandierte Orangen
100 g gehackte Walnusskerne
je 1 Prise Zimtpulver, gemahlener Kardamom und frisch geriebene Muskatnuss
abgeriebene Schale von 1 Bio-Orange
4 Kumquats · Butter für die Form

Zubereitung: 1 Std. 40 Min.
Ziehen: 2 Tage
Backen: 50 Min.
Ruhen: 3 Tage
Schwierigkeit:

1. Die Trockenfrüchte 2 Tage im Voraus klein schneiden und mit 125 ml Whisky zugedeckt 2 Tage ziehen lassen. Am Backtag den Backofen auf 150° (Umluft; hier empfehlenswert) vorheizen und die Form einfetten. Das Mehl mit Backpulver und 1 Prise Salz sieben. Butter und 125 g Zucker mit den Schneebesen des Handrührgeräts cremig aufschlagen und das Marzipan in Flocken untermischen. Die Eier hinzufügen und die Mehlmischung mit einem Teigschaber unterheben. Trockenfrüchte, 70 g Kuvertüre, Orangen und Nüsse mit Zimt, Kardamon, Muskat und Orangenschale dazugeben. Den Teig in die Form füllen und im Backofen (Mitte) ca. 50 Min. backen.

2. Inzwischen 25 g Zucker und 50 ml Wasser kurz im Topf aufkochen, abkühlen lassen und 50 ml Whisky dazugeben. Den Kuchen noch warm mit dem Holzstäbchen mehrmals einstechen. Mit dem Sirup tränken und in der Form abkühlen lassen. Dann stürzen und gut verpackt 3 Tage kühl stellen. Für den Überzug die übrige Kuvertüre über dem heißen Wasserbad temperieren (siehe S. 23), vom Wasserbad nehmen und den Kuchen damit ummanteln. Mit halbierten Kumquats dekorieren.

WICHTIGE UTENSILIEN: 3 Rührschüsseln // Springform, 18 cm Ø // Mehlsieb // Topf // Holzstäbchen // Wasserbad // Metallschüssel // Palette

KUCHEN & MINI-KUCHEN

Möhrentorte mit Ingwer

*Für mich passt der Geschmack von
Ingwer und Tonkabohne ganz besonders gut zu einer Möhrentorte.
Eines meiner Lieblingsrezepte – unbedingt probieren!*

ZUTATEN:

Für die Dekoration:
3 Möhren (je ca. 20 cm lang)
1 ½ kg Zucker

Für die Füllung:
300 g Sahne
3 Tonkabohnen
375 g Frischkäse
  (Doppelrahmstufe)
ausgekratztes Mark von
  1 Vanilleschote
150 g Puderzucker
30 g gehackter kandierter Ingwer

Für die Böden:
200 g Zucker
100 g brauner Zucker
3 Eigelb
125 ml Sonnenblumenöl
350 g Mehl
2 TL Zimtpulver
Salz · 1 ½ TL Natron
½ TL Backpulver
frisch gemahlene Muskatnuss
50 g gemahlene Mandeln
150 ml Milch
1 Stück Ingwer (ca. 3 cm)
1 TL Essig
200 g geschälte und geraspelte
  Möhren
100 g grob gehackte Walnusskerne
3 Eiweiß
Butter für die Form

1. Für die Dekoration die Möhren schälen und mit dem Gemüsehobel längs in ca. 2 mm dicke Scheiben schneiden. In einem kleinen Topf 750 g Zucker und 350 ml Wasser bei mittlerer Hitze zum Kochen bringen. Die Möhrenstreifen darin bei schwacher Hitze ca. 20 Min. köcheln.

2. In einem zweiten Topf 750 g Zucker und 250 ml Wasser bei mittlerer Hitze aufkochen, bis sich der Zucker aufgelöst hat. Dann den Topf vom Herd nehmen. Die Möhrenstreifen aus dem Sirup heben, abtropfen lassen, in den Topf mit dem heißen Sirup geben und darin abkühlen lassen. Die Möhrenstreifen bis zur Verwendung im Sirup luftdicht verschlossen kühl stellen (siehe Tipp S. 100). Für die Füllung die Sahne mit den Tonkabohnen aufkochen, dann abkühlen lassen und bis zur Verwendung ebenfalls kühl stellen.

3. Für die Böden den Backofen auf 175° (Umluft; hier empfehlenswert) vorheizen. Die Springformen einfetten. In einer Schüssel 150 g Zucker, den braunen Zucker und die Eigelbe schaumig rühren. Das Öl langsam unter Rühren dazugießen. Das Mehl mit Zimt, 1 Prise Salz, Natron und Backpulver sieben und 1 Prise Muskatnuss und die Mandeln dazugeben. Ein Drittel der Mehlmischung zur Eigelbmasse hinzufügen. Die Hälfte der Milch dazugießen und unterrühren. Beide Schritte wiederholen, dann die restliche Mehlmischung unterrühren (nicht zu viel rühren, sonst wird der Teig zäh!).

4. Den Ingwer schälen und fein reiben. Den Essig unter den Teig mischen, dann die Möhren, die Nüsse und den Ingwer unterrühren (siehe S. 101, Bild 1). Die Eiweiße mit 1 Prise Salz und 50 g Zucker steif schlagen und vorsichtig unter den Teig heben. Den Teig auf die Springformen verteilen und im Backofen (Mitte) ca. 30 Min. backen. In den Formen ca. 15 Min. abkühlen lassen, dann aus den Formen lösen und ganz abkühlen lassen.

Zubereitung: 2 Std. 40 Min.
Kühlen: mind. 2 Std.
Backen: 30 Min.
Schwierigkeit:

Tipp

Die kandierten Möhrenstreifen können Sie auch ganz entspannt im Voraus zubereiten. In Sirup eingelegt und luftdicht verschlossen, kann man sie bis zu 1 Monat aufbewahren. Und wem die Dekoration zu aufwendig ist, kein Problem: Der Möhrenkuchen schmeckt pur auch sehr lecker.

5. Währenddessen für die Füllung die abgekühlte Tonkabohnen-Sahne durch ein Sieb gießen und die Tonkabohnen entfernen. Frischkäse, Tonkabohnen-Sahne, Vanillemark und Puderzucker mit den Schneebesen des Handrührgeräts ca. 3 Min. cremig aufschlagen.

6. Die Kuchen mit dem Sägemesser horizontal halbieren, sodass insgesamt vier Böden entstehen, ggf. etwas begradigen. Den ersten Boden in den Backring auf die Tortenpappe setzen. Die Füllung in den Einmalspritzbeutel füllen, diesen vorne abschneiden und die Füllung ca. 2 cm dick aufspritzen. Ein Drittel des kandierten Ingwers gleichmäßig darüber verteilen (Bild 2). Mit den nächsten zwei Böden ebenso verfahren und den letzten Boden auflegen. Die Torte mind. 2 Std. kühl stellen.

7. Den Backring vorsichtig lösen (Bild 3), dazu die Torte vorher am besten mit einem scharfen Messer vom Tortenrand schneiden (siehe Tipp S. 92). Die Torte mit der restlichen Creme rundum mit der Palette ummanteln. Zuletzt die kandierten Möhrenstreifen in einem Sieb abtropfen lassen und dekorativ auf die Torte legen (Bild 4).

WICHTIGE UTENSILIEN: Sparschäler // Gemüsehobel // 2 Töpfe // 2 Springformen, 18 cm Ø // 5 Rührschüsseln // Mehlsieb // Küchenreibe // 2 Siebe // Backring, 18 cm Ø // Tortenpappe // Palette // Einmalspritzbeutel

1.

2.

3.

4.

Macadamia-Schokoladen-Torte mit Salzkaramell

Aufgepasst – hier müssen Sie ein bisschen planen: Die Karamellfüllung sollte einige Stunden ruhen und die Böden müssen abgekühlt sein, bevor die Torte eingesetzt werden kann. Am besten Sie bereiten die einzelnen Bestandteile am Vortag zu!

ZUTATEN:

<u>Für die Dekoration:</u>
100 g Zucker
100 g gesalzene Macadamia-Nüsse
1 TL Meersalz (Fleur de Sel)

<u>Für den Karamell:</u>
450 g Zucker
50 g Ahornsirup
400 g Sahne
50 g weiche Butter
1 TL Meersalz (Fleur de Sel)
ausgekratztes Mark von
 ½ Vanilleschote

<u>Für die Böden:</u>
100 g weiche Butter
300 g Zucker
3 Eigelb
ausgekratztes Mark von
 ½ Vanilleschote
250 g Mehl
75 g Kakaopulver
1 TL Natron
½ TL Backpulver
200 g Buttermilch
100 ml lauwarmer Espresso
3 Eiweiß
½ TL Salz
Butter für die Form

1. Für die Dekoration 50 ml Wasser und den Zucker in der Pfanne verrühren. Zum Kochen bringen, dabei nicht mehr rühren! Zu braunem Karamell kochen, dann die Macadamia-Nüsse dazugeben. Den Macadamia-Karamell sofort vom Herd nehmen und auf ein Stück Backpapier gießen (siehe S. 105, Bild 1). Mit Meersalzkristallen bestreuen, dann abkühlen lassen und zum Dekorieren in grobe Stücke hacken.

2. Für den Karamell den Zucker mit Ahornsirup und 50 ml Wasser im hohen Topf verrühren. Bei mittlerer Hitze ohne Rühren (!) kochen, bis die Masse einen goldbraunen Farbton hat, das kann einige Zeit dauern. Wenn der richtige Farbton erreicht ist, den Topf vom Herd nehmen und die Sahne unter Rühren langsam dazugießen.

3. Den Topf wieder auf den Herd stellen und die Masse unter Rühren auf 115° erhitzen (mit Kerntemperaturfühler prüfen!), dann sofort vom Herd nehmen und den Karamell in eine Schüssel gießen. Ca. 30 Min. abkühlen lassen. Butter, Meersalz und Vanillemark zum Karamell dazugeben und unterrühren (siehe S. 105, Bild 2). Die Masse zugedeckt mind. 6 Std. kühl stellen.

4. Inzwischen für die Böden den Backofen auf 170° (Umluft; hier empfehlenswert) vorheizen. Die Springformen einfetten und die Ränder mit Backpapier auslegen. Die Butter, 250 g Zucker, die Eigelbe und das Vanillemark in einer Schüssel mit den Schneebesen der Küchenmaschine oder des Handrührgeräts schaumig rühren.

5. Das Mehl mit Kakao, Natron und Backpulver sieben und abwechselnd mit der Buttermilch in fünf Schritten (siehe S. 16) zur Buttermasse hinzufügen. Den Espresso unterrühren. Die Eiweiße mit 50 g Zucker und dem Salz steif schlagen und unterheben. Den Teig auf die Springformen verteilen und im Backofen ca. 45 Min. backen. Abkühlen lassen.

Für die Glasur:
50 g Kakaopulver
50 ml lauwarmer Espresso
150 g weiche Butter
60 g Puderzucker
150 g gehackte Zartbitter-
 Kuvertüre (70 % Kakao)

Zubereitung: 2 Std.
Kühlen: mind. 7 Std.
Backen: 45 Min.
Schwierigkeit:

Tipp

Wenn Ihnen die Schokoladenglasur nicht ganz glatt gelingt, streichen Sie den Kuchen einfach »freestyle« ein. Das sieht genauso schön aus!

6. Die Tortenböden mit dem Sägemesser horizontal halbieren, sodass insgesamt vier Böden entstehen, ggf. begradigen. Den ersten Boden auf die Tortenpappe setzen und mit einem Drittel der Karamellmasse bestreichen (Bild 3). Mit den nächsten zwei Böden genauso verfahren, dann den letzten Boden auflegen. Den Karamell rundum mit der Palette glatt ziehen und die Torte mind. 1 Std. kühl stellen.

7. Für die Glasur den Kakao mit dem Espresso verrühren. In einer Schüssel die Butter und den Puderzucker mit den Schneebesen des Handrührgeräts schaumig rühren. Die Kuvertüre über dem heißen Wasserbad schmelzen (siehe S. 23, Steps 1 und 2), ca. 5 Min. abkühlen lassen und langsam unter die Buttermasse rühren. Zuletzt den angerührten Kakao hinzufügen. Die Glasur ca. 30 Min. ruhen lassen.

8. Die Torte mit der Schokoladenglasur rundum mit der Palette ummanteln. Die restliche Glasur in den Spritzbeutel füllen und einen Rüschenrand oben und unten auf der Torte aufspritzen. Zuletzt die Torte mit dem Macadamia-Karamell bestreuen (Bild 4).

WICHTIGE UTENSILIEN: Pfanne // hoher Topf // Kerntemperaturfühler // 4 Rührschüsseln // 2 Springformen, 18 cm Ø // Mehlsieb // Backring, 18 cm Ø // Tortenpappe // Palette // Wasserbad // Metallschüssel // Spritzbeutel mit Sterntülle, 3 mm Ø

Mohntorte mit Himbeeren

Eine Torte ohne Gluten! Durch ihre kräftigen Signalfarben Schwarz, Weiß und Rot zieht sie viele Blicke auf sich. Sie ist eine Femme fatale unter den Torten – attraktiv und verführerisch.

ZUTATEN:

Für die Böden:
250 g gemahlener Mohn
100 g Puderzucker
ausgekratztes Mark von
   1 Vanilleschote
1 TL Backpulver
abgeriebene Schale von
   1 Bio-Orange
2 EL Orangensaft
5 Eier · 5 Eiweiß
Salz · 50 g Zucker
Butter für die Form

Außerdem:
250 g frische Himbeeren
150 g Himbeerkonfitüre
150 g Puderzucker
schwarze Gel-Lebensmittelfarbe

Zubereitung: 1 Std.
Backen: 30 Min.
Kühlen: mind. 1 Std.
Schwierigkeit:

1. Für die Böden den Backofen auf 170° (Umluft; hier empfehlenswert) vorheizen, die Formen einfetten. Mohn, Puderzucker, Vanillemark, Backpulver, Orangenschale und -saft in eine Schüssel geben und mischen. Die Eier hinzufügen und alles schaumig rühren. Die Eiweiße langsam aufschlagen, dabei zuerst 1 Prise Salz, dann langsam den Zucker einrieseln lassen. Den Eischnee ganz steif schlagen und mit einem Teigschaber in drei Schritten unter die Mohnmischung heben. Den Teig in die Formen füllen und im Backofen (Mitte) ca. 30 Min. backen, dann abkühlen lassen.

2. Die Himbeeren verlesen und ggf. waschen, 9 schöne Himbeeren beiseitelegen. Die Böden eventuell begradigen, einen Tortenboden in den Backring auf das Tortenblech setzen. Die Konfitüre im Topf mit wenig Wasser kurz aufkochen und die Hälfte davon auf dem Boden verstreichen, dann die Himbeeren daraufsetzen. Den zweiten Boden auflegen und mit der übrigen Konfitüre bestreichen. Mind. 1 Std. kühl stellen.

3. Für den Guss den Puderzucker mit 2 EL Wasser anrühren. 1 EL Guss abnehmen und schwarz einfärben, eventuell erwärmen. Restlichen Zuckerguss auf der Tortenoberseite mit der Palette glatt streichen. Schwarzen Zuckerguss mit dem Spritzbeutel in abstrakten oder geometrischen Formen aufspritzen und fest werden lassen. Die Torte aus dem Backring lösen und mit den beiseitegelegten Himbeeren dekorieren.

Tipp Backpulver ist in der Regel von Haus aus glutenfrei. Wenn Sie ganz sichergehen wollen, achten Sie darauf, dass es keine Weizenstärke enthält.

WICHTIGE UTENSILIEN: 2 Springformen, 18 cm Ø // 2 Rührschüsseln // Backring, 18 cm Ø // Tortenblech // Topf // Kerntemperaturfühler // kleine Schüssel // Palette // Papierspritzbeutel (siehe S. 25)

Mini-Gewürzgugelhupfe

*Wie toll, dass dieser Klassiker wieder in aller Munde ist.
Die Mini-Ausgabe mit leckeren Weihnachtsgewürzen ist ein originelles
Adventsmitbringsel und einfach zum Vernaschen süß.*

ZUTATEN:
100 g Milch (3,8 % Fett)
1 Zimtstange
1 Tonkabohne
5 Kardamomkapseln
180 g Mehl
Salz
2 TL Backpulver
2 TL Zimtpulver
115 g weiche Butter
180 g brauner Zucker
2 Eier
ausgekratztes Mark von
 ½ Vanilleschote
150 g Rote Bete (vorgekocht)
Butter und Mehl für die Formen
Puderzucker zum Bestäuben

Ergibt: ca. 30 Stück
Zubereitung: 1 Std.
Backen: 7 – 12 Min.
Schwierigkeit:

1. Den Backofen auf 170° (Umluft; hier empfehlenswert) vorheizen. Die Mulden der Bleche einfetten und mit Mehl bestäuben. Die Milch mit Zimtstange, Tonkabohne und Kardamomkapseln im Topf einmal aufkochen. Abkühlen lassen und anschließend durch das Sieb gießen, um die Gewürze wieder zu entfernen.

2. Das Mehl mit 1 Prise Salz, Backpulver und Zimt in eine Schüssel sieben. Die Butter und den Zucker mit den Schneebesen der Küchenmaschine oder des Handrührgeräts cremig rühren. Die Eier einzeln unterrühren und das Vanillemark untermischen.

3. Die Mehlmischung abwechselnd mit der Gewürzmilch in fünf Schritten (siehe S. 16) unter die Eiermasse rühren. Die Rote Bete in Stücke schneiden und pürieren, das Püree unter den Teig mischen. Der Teig sollte glatt gerührt, aber nicht zu lange bearbeitet sein – sonst wird er zäh.

4. Den Teig in den Spritzbeutel füllen und jeweils bis ca. 1 cm unter den Rand in die Gugelhupfformen spritzen. Die Mini-Gugelhupfe im Backofen (Mitte) ca. 7 – 12 Min. (je nach Größe der Formen) backen. Dann abkühlen lassen, aus der Form lösen und mit etwas Puderzucker bestäuben.

Tipp Wenn bei Eiern in der Zutatenliste nichts anderes angeben ist, habe ich Größe M verwendet. Andere Eier bitte entsprechend abwiegen!

WICHTIGE UTENSILIEN: 2 – 3 Mini-Gugelhupf-Bleche oder -Silikonformen, in zwei Größen // Topf // Sieb // 3 Rührschüsseln // Mehlsieb // Pürierstab und hoher Rührbecher // Spritzbeutel mit Lochtülle

Haute Couture

Auch wenn die Torten und Cookies auf den nächsten Seiten kompliziert aussehen, mit ein bisschen Übung und Geschick bekommen Sie das gebacken!

Damenwahl

*Für diese Törtchen gibt es drei Damen zur Auswahl.
Um Ihre Gäste zu überraschen, kopieren Sie ein Foto von ihnen hinein.
Übrigens: Auch den Herren stehen diese Kleider gut!*

ZUTATEN:

Für die Böden:
1 Rezept Schokoladen-Rührteig
  (siehe S. 17)
Butter für den Backrahmen

Für die Baisermasse:
200 g Zucker
10 g Glukosesirup
¼ TL Zitronensäure
4 zimmerwarme Eiweiß
¾ TL Salz

Außerdem:
400 g Konfitüre (nach Belieben;
  siehe Tipp S. 115)

Ergibt: 6 Stück
Zubereitung: 1 Std. 20 Min.
Backen: 35 Min.
Abkühlen: 1 Std.
Schwierigkeit:

1. Wichtig: Die Baisermasse in diesem Rezept sollte sofort verarbeitet und nicht kühl gestellt werden. Bereiten Sie das Rezept daher am besten so vor, dass Sie die Baisermasse erst herstellen, wenn die Böden bereits gebacken und zusammengesetzt sind!

2. Zuerst für die Dekoration die Vorder- und Rückseiten der Damen aus der Vorlage kopieren und ausschneiden. Nach Belieben die Farbkopien der Porträtbilder Ihrer Gäste ausschneiden und auf die Gesichter kleben. Vorder- und Rückseite aufeinanderkleben und dabei je 1 Zahnstocher in die Mitte legen (siehe S. 114, Bild 1). Achten Sie darauf, dass der verwendete Klebstoff lebensmittelecht und lösungsmittelfrei ist.

3. Für die Böden den Backofen auf 170° (Umluft; hier empfehlenswert) vorheizen. Den Backrahmen einfetten und auf das mit Backpapier ausgelegte Backblech stellen. Den Schokoladen-Rührteig zubereiten und in den Backrahmen füllen. Den Kuchen im Backofen (Mitte) ca. 35 Min. backen, dann ca. 1 Std. abkühlen lassen.

4. Mit den Ausstechern je 6 Kreise in je drei Größen ausstechen. Für die Glockenröcke 3 x 3 Böden mit 4,5, 6 und 8 cm Ø ausstechen, für die Pencil Skirts 3 x 3 Böden mit 4, 4,5 und 5,5 cm Ø.

5. Die Konfitüre mit 30 ml Wasser in einem Topf aufkochen, vom Herd nehmen und auf der Oberseite der einzelnen Tortenböden mit dem Backpinsel verstreichen. Den ersten Boden auf das Blech setzen und mit wenig Konfitüre bestreichen, den mittleren Boden auflegen und wieder mit wenig Konfitüre bestreichen. Dann den letzten Boden auflegen. Auf diese Weise mit allen Böden verfahren (für Glockenröcke werden die Böden nach oben kleiner; bei den Pencil Skirts liegt unten der kleinste Boden, in der Mitte der größte und oben der mittlere). Die Röcke eventuell noch mit einem Messer begradigen, um jeweils eine perfektere Glockenrock- oder Pencil-Skirt-Form zu erhalten.

1.

3.

Tipp

Verwenden Sie eine Konfitüre nach Wahl: Orangenmarmelade schmeckt köstlich herb, Johannisbeerkonfitüre bietet einen schönen Kontrast zu der süßen Baisermasse.

6. Für die Baisermasse 175 g Zucker, 30 ml Wasser, Glukosesirup und Zitronensäure in einem Topf unter Rühren aufkochen. Sobald der Sirup kocht, nicht mehr rühren! Den Sirup auf 112° erhitzen (mit Kerntemperaturfühler prüfen!). Inzwischen die Eiweiße und das Salz mit den Schneebesen der Küchenmaschine auf mittlerer Stufe halbsteif schlagen, dabei 25 g Zucker langsam einrieseln lassen (die Eiweiße nicht ganz steif schlagen!). Wenn 112° erreicht sind, die Eiweiße auf niedriger Stufe weiterschlagen und langsam den Zuckersirup dazugießen (Achtung: Der Sirup ist heiß!). Dann die Baisermasse auf mittlerer Stufe in ca. 10 Min. steif und fluffig schlagen (Bild 2) und sofort verarbeiten.

7. Alle Törtchen zügig mit der Baisermasse rundum mit der Palette ummanteln (Bild 3). Die Masse muss dabei nicht perfekt glatt gezogen werden. Die Röcke sehen toll aus, wenn etwas Bewegung in der Baisermasse ist! Mit dem Bunsen- oder Flambierbrenner nach Belieben leicht karamellisieren (Bild 4). Zuletzt die Deko-Damen oben aufstecken und die Törtchen möglichst schnell servieren.

WICHTIGE UTENSILIEN: Kopien der Vorlagen (siehe S. 150) // evtl. 6 Porträtfotos // 6 Zahnstocher // Klebstoff (lebensmittelecht und lösungsmittelfrei) // Backrahmen, 30 x 40 cm // Backblech // runde Ausstecher, 4, 4,5, 5,5 sowie 4,5, 6, 8 cm Ø // 2 Töpfe // Kerntemperaturfühler // Rührschüssel // Tortenblech // Palette // Bunsen- oder Flambierbrenner

Spitzenblusen-Torte

Ein großes Schneidertalent war ich nie – auch nicht während meines Mode-Studiums. Umso besser und für mich viel schöner ist, dass man sich seine Traumbluse auch einfach backen kann.

ZUTATEN:

Für die Böden:
1 Rezept Wiener Biskuit
  (siehe S. 18)
Butter für den Backrahmen

Für die Füllung:
450 g gehackte weiße Kuvertüre
200 g Sahne
30 g weiche Butter
50 ml Orangenlikör
  (z. B. Cointreau)
200 g Aprikosenkonfitüre

Für die Dekoration:
1 kg Rollfondant
½ TL CMC oder Tragant
  (Verdickungsmittel, siehe S. 15)
schwarze Gel-Lebensmittelfarbe
klarer Alkohol zum Ankleben
  (z. B. Wodka, ersatzweise Wasser)
1 Rezept Eiweißspritzglasur
  (siehe S. 24)
Puderzucker zum Arbeiten

1. Zuerst aus Pappe ein Rechteck (ca. 20 x 25 cm) ausschneiden und in Alufolie einschlagen. Somit ergibt sich eine passende Tortenpappe – alternativ lässt sich die Torte auch auf der sauberen Arbeitsfläche aufbauen. Die Vorlagen für Kragen und Knopfleiste kopieren und ausschneiden. Für den Überzug 200 g Rollfondant mit CMC oder Tragant verkneten, luftdicht in Frischhaltefolie wickeln und mind. 1 Std. ruhen lassen.

2. In der Zwischenzeit für die Böden den Backofen auf 175° (Umluft; hier empfehlenswert) vorheizen. Den Backrahmen einfetten und auf das mit Backpapier ausgelegte Backblech stellen. Den Wiener Biskuit zubereiten, in den Backrahmen füllen und im Backofen (Mitte) 35 – 40 Min. backen. Dann herausnehmen und abkühlen lassen.

3. Währenddessen für die Füllung die Kuvertüre in die Schüssel geben. Die Sahne aufkochen und über die Kuvertüre gießen, ca. 1 Min. ruhen lassen. Dann mit dem Schneebesen glatt rühren. Nacheinander die Butter und den Orangenlikör unterrühren und die Creme ca. 1 Std. ruhen lassen.

4. Inzwischen den Kuchen horizontal halbieren, sodass zwei gleich hohe rechteckige Böden entstehen. Die Konfitüre mit 2 EL Wasser aufkochen und auf der Oberseite der Böden verstreichen, ca. 5 Min. anziehen lassen. Einen Boden auf die Tortenpappe setzen, die Hälfte der Füllung gleichmäßig darauf verteilen und den zweiten Boden auflegen. Die Torte mit übriger Füllung gleichmäßig dünn ummanteln und mind. 4 Std. kühl stellen.

Zubereitung: 3 Std.
Ruhen: mind. 2 Std.
Backen: 40 Min.
Kühlen: 6 Std.
Schwierigkeit:

Tipp

Für einen Herren können Sie ein hübsches weißes Hemd mit einer schwarzen Krawatte oder Fliege herstellen.

5. Für den Überzug die übrigen 800 g Rollfondant weich kneten und auf der mit Puderzucker bestäubten Arbeitsfläche mit dem Rollstab ca. 5 mm dick zu einem Rechteck (ca. 30 x 35 cm) ausrollen. Die Torte damit eindecken, die Seiten glatt streichen und den Überschuss vom Rollfondant abschneiden (siehe S. 119, Bild 1). Den Überschuss verkneten, ca. 5 mm dick ausrollen und daraus mit der Spritzbeutel-Tülle sieben kleine Kreise für die Knöpfe ausstechen. Mit dem Zahnstocher je zwei Knopflöcher einstechen. Die Knöpfe bis zur Verwendung ruhen lassen.

6. Für Kragen und Knopfleiste den vorbereiteten CMC-Rollfondant schwarz einfärben, ausrollen und vorsichtig in die Silikon-Spitzenform drücken. Die Spitze wieder aus der Form nehmen, auf die Vorlagen legen und die Konturen mit einem Messer ausschneiden. Kragen und Knopfleiste auf der Rückseite mit wenig Alkohol bestreichen und aufkleben (Bild 2).

7. Die Eiweißspritzglasur zubereiten und schwarz einfärben. In den Papierspritzbeutel füllen und die Ränder der Knopfleiste mit kleinen Punkten dekorieren (Bild 3). Details von der Spitze auf Kragen und Knopfleiste durch ein paar Eiweißspritzglasur-Punkte hervorheben. Die Knöpfe ebenfalls mit schwarzer Eiweißspritzglasur dekorieren und sechs davon auf die Leiste kleben (Bild 4). Für die Brusttasche mit der schwarzen Spritzglasur eine Linie auf der rechten Brustseite tüpfeln und einen Knopf darunterkleben. Die Torte vor dem Servieren ca. 2 Std. kühl stellen.

WICHTIGE UTENSILIEN: Pappkarton, 20 x 25 cm // Alufolie // ausgeschnittene Vorlagen von Kragen und Knopfleiste (siehe S. 151) // Backblech // Backrahmen, 20 x 25 cm // Rührschüssel // 2 Töpfe // Rollstab // Spritzbeutel-Tülle, ca. 8 mm Ø // Fondant-Silikonformen in Spitzenoptik (z. B. Wilton Makramee oder Folklore) // Zahnstocher // Papierspritzbeutel (siehe S. 25)

»Herrentorte«

Diese Torte habe ich meinem Freund Sebastian einmal geschenkt. Er liebt alte Autos, und ich habe – außer für ihn – eine Schwäche für kleine Figürchen und Besonderes vom Flohmarkt. Die Torte ist ein toller Präsentierteller für neue und alte Fundstücke.

ZUTATEN:

<u>Für die Böden:</u>
1 Rezept Schokoladen-Rührteig
 (siehe S. 17)
abgeriebene Schale von
 1 Bio-Orange
100 g Orangenmarmelade
Butter für die Form

<u>Für die Creme:</u>
600 g Frischkäse
150 g Puderzucker
30 ml Orangenlikör
 (z. B. Cointreau)
abgeriebene Schale von
 1 Bio-Orange

<u>Für die Dekoration:</u>
350 g Marzipanrohmasse
400 g Rollfondant
klarer Alkohol zum Ankleben
 (z. B. Wodka, ersatzweise Wasser)
10 g Goldpuder
½ Rezept Eiweißspritzglasur
 (siehe S. 24)
Puderzucker zum Arbeiten

1. Für die Böden den Backofen auf 175° (Umluft; hier empfehlenswert) vorheizen, die Springformen einfetten. Den Schokoladen-Rührteig zubereiten, dabei zum Schluss die Orangenschale unterrühren, und den Teig auf die Springformen verteilen. Die Böden im Backofen (Mitte) ca. 45 Min. backen, dann abkühlen lassen.

2. Inzwischen für die Creme alle Zutaten in einer Schüssel mit den Schneebesen des Handrührgeräts ca. 4 Min. aufschlagen.

3. Die Schokoladenböden mit dem Sägemesser jeweils horizontal teilen, sodass vier Böden entstehen, ggf. etwas begradigen. Den ersten Boden in den Backring auf die Tortenpappe legen, zuerst ein Drittel der Marmelade und dann ein Viertel der Creme daraufstreichen. Mit den nächsten beiden Böden genauso verfahren und den letzten Boden oben auflegen. Die Torte mit der übrigen Creme rundum ummanteln und mind. 2 Std. kühl stellen.

4. Inzwischen das Marzipan auf der mit Puderzucker bestäubten Arbeitsfläche ca. 5 mm dick ausrollen und einen Kreis von 18 cm Ø ausschneiden. Die Marzipanreste nochmals verkneten, ca. 5 mm dick zu einem Streifen von ca. 12 x 57 cm Größe ausschneiden und aufrollen. Den Marzipankreis als Deckel auf die Torte legen, die Marzipanrolle an die Seite der Torte anlegen und rundum abwickeln (siehe S. 123, Bild 1). Überschuss mit einem kleinen scharfen Messer entfernen.

HAUTE COUTURE

Zubereitung: 2 Std.
Backen: 45 Min.
Kühlen: mind. 2 Std.
Trocknen: mind. 3 Std.
Schwierigkeit: 🧁🧁🧁

Tipp

Die Torte sieht auch in anderen Farben toll aus! Am besten wählen Sie die Farbe passend zum Fundstück – wie hier Gold für den Mercedes.

5. Den Rollfondant weich kneten und ca. 5 mm dick zu einem Kreis von mind. 52 cm Ø ausrollen. Die Torte mit wenig Alkohol bestreichen und mit dem Fondantkreis eindecken. Den Fondant rundum glätten und den Überschuss abschneiden (Bild 2).

6. Den Goldpuder in einer kleinen Schüssel mit wenig Alkohol zu einer dickflüssigen Paste anrühren (seien Sie sparsam mit dem Gold!). Die Goldfarbe mit dem Pinsel oder Schwamm gleichmäßig seitlich auf der Torte verteilen (Bild 3) und ca. 15 Min. trocknen lassen.

7. Die Eiweißspritzglasur zubereiten. Mit wenig Wasser verdünnen, bis sie Konturen-Konsistenz hat. Die Glasur in die Mitte der Torte geben und mit der Palette so verteilen, dass sie leicht über die Seiten tropft (Bild 4). Die Torte mind. 3 Std. trocknen lassen. Zum Servieren das gewünschte Objekt auf die Torte setzen.

WICHTIGE UTENSILIEN: 2 Springformen, 18 cm Ø // 3 Rührschüsseln // Backring, 18 cm Ø // Tortenpappe // Palette // Rollstab // 2 kleine Schüsseln // Backpinsel oder kleiner Schwamm // Modellauto oder ein anderes Fundstück

Croque en Bouche

»Krach im Mund«: In Frankreich wird diese köstliche Torte zu festlichen Anlässen serviert. Sie besteht aus kleinen, gefüllten Windbeuteln, die zu einem Turm aufgebaut werden – mit dunklem Karamell überzogen und mit frischen Blumen dekoriert. Wunderschön!

ZUTATEN:

Für den Mürbeteig:
300 g Mehl · 100 g Zucker
200 g kalte Butter in Flöckchen
1 Ei
ausgekratztes Mark von
½ Vanilleschote
Mehl zum Arbeiten

Für den Brandteig:
150 g Mehl
Salz · 15 g Zucker
100 ml Milch
110 g Butter · 4 Eier

Für die Füllung:
3 Eigelb
75 g Zucker
20 g Mehl
15 g Speisestärke
250 ml Milch
ausgekratztes Mark von
½ Vanilleschote
100 g Sahne

Außerdem:
250 g Zucker
essbare Blüten (siehe Tipp)

1. Aus den Zutaten nach dem Grundrezept (siehe S. 20) einen Mürbeteig zubereiten. Den Teig in Frischhaltefolie wickeln und mind. 2 Std. kühl stellen. Den Backofen auf 175° (Umluft; hier empfehlenswert) vorheizen. Zwei Backbleche mit Backpapier auslegen. Den Teig auf der bemehlten Arbeitsfläche ca. 5 mm dick ausrollen. Mithilfe der Schüssel 2 Kreise von ca. 15 cm Ø aus dem Teig schneiden (siehe S. 127, Bild 1), auf das Backpapier legen und im Backofen (Mitte) in 15 – 18 Min. goldbraun backen. Dann abkühlen lassen. Übrigen Mürbeteig einfrieren oder Kekse daraus backen.

2. Für den Brandteig das Mehl, 1 Prise Salz und den Zucker in eine Schüssel sieben. 150 ml Wasser, Milch und Butter in einem Topf zum Kochen bringen. Die Mehlmischung mit dem Holzlöffel in die kochende Flüssigkeit rühren. So lange rühren, bis die Masse eine Kugel bildet und nicht mehr am Topfrand klebt. Vom Herd nehmen und ca. 10 Min. ruhen lassen.

3. Die Masse nochmals unter Rühren erhitzen, sodass sie wieder eine Kugel bildet und nicht mehr am Topfrand klebt. Die Teigkugel in die Schüssel setzen und die verquirlten Eier unter Rühren in mehreren Schritten dazugeben. So lange rühren, bis der Teig weich und glänzend ist. Das kann einige Minuten dauern.

4. Den Backofen auf 200° (Umluft; hier empfehlenswert) vorheizen. Drei Backbleche mit Backpapier auslegen. Aus dem Brandteig mit dem Spritzbeutel mit großer Lochtülle ca. 50 Bällchen von ca. 3 cm Ø (Abstand mind. 3 cm) auf das Backpapier setzen (siehe S. 127, Bild 2). Im Backofen zuerst ca. 10 Min. backen, dann den Backofen auf 180° herunterschalten und die Bällchen noch ca. 8 Min. weiterbacken. Anschließend abkühlen lassen.

Zubereitung: 2 Std. 30 Min.
Kühlen: mind. 2 Std.
Backen: 36 Min.
Schwierigkeit: 🧁🧁🧁

Tipp

Die Windbeutel schmecken natürlich auch nur gefüllt sehr gut. Sie lassen sich mit allen möglichen Cremes oder einfach mit Schlagsahne füllen. Frische Blüten erhalten Sie in ausgewählten Gärtnereien. Garantiert unbehandelt sind sie natürlich, wenn sie aus dem eigenen Garten stammen.

5. Inzwischen für die Füllung Eigelbe und Zucker schaumig rühren, Mehl und Stärke hinzufügen und verrühren. Die Milch mit Vanillemark aufkochen, vom Herd nehmen und etwas Vanillemilch unter Rühren zur Eigelbmasse gießen. Die Eigelbmasse verrühren, unter Rühren zur restlichen Vanillemilch geben und alles ca. 1 Min. kochen. In einer Schüssel mit Frischhaltefolie zugedeckt abkühlen lassen. Die Sahne steif schlagen und unterheben, die Füllung bis zur Verwendung kühl stellen.

6. Mit dem Holzstäbchen jeweils ein Loch unten in die Brandteigbällchen stechen. Die Vanillecreme in den Spritzbeutel mit kleiner Lochtülle geben und die Bällchen jeweils vorsichtig mit etwas Creme füllen. Dann bis zur Verwendung kühl stellen.

7. Währenddessen für den Karamell den Zucker und 250 ml Wasser in einem Topf verrühren. Dann ohne Rühren zu dunkelbraunem Karamell kochen, vom Herd nehmen und ca. 5 Min. ruhen lassen.

8. Einen Keksboden auf das Tortenblech setzen. Die Bällchen vorsichtig einzeln in den Karamell tauchen (dabei am besten Einmalhandschuhe tragen, weil der Karamell sehr heiß ist) und damit auf dem Rand des Bodens rundum festkleben (Bild 3), sodass sich ein Kreis aus Bällchen bildet. Auf den Kreis einen weiteren Ring aus Bällchen kleben und so fortfahren, bis keine Bällchen übrig sind. Darauf achten, dass zum Schluss ein abgeschlossener Kreis entstanden ist. Den zweiten Keksboden nach Belieben mit gefärbtem Fondant, Rollfondant oder Marzipan dekorieren und zum Schluss auflegen (Bild 4). Die Torte mit Blüten und Satinband dekorieren.

WICHTIGE UTENSILIEN: 3 Backbleche // Rollstab // Schüssel, 15 cm Ø // 4 Rührschüsseln // Mehlsieb // 3 Töpfe // Holzlöffel // Spritzbeutel mit 2 Lochtüllen, ca. 20 und 5 mm Ø // Holzstäbchen // Tortenblech // Satinband

Teerosen-Torte

*Mit dieser Hingucker-Torte verzaubern Sie jeden, nicht nur optisch!
Und die Rosendekoration lässt sich viel einfacher herstellen, als Sie denken.*

ZUTATEN:

Für die Böden:
225 g Mehl
2 TL Backpulver · Salz
300 g Zucker · 8 Eigelb
125 ml mildes Olivenöl
150 ml Milch (3,8 % Fett)
50 ml Rosenwasser · 8 Eiweiß
½ TL Weinsteinbackpulver
abgeriebene Schale von
 1 Bio-Orange
Butter für die Form

Für die Creme:
500 g gehackte weiße Kuvertüre
500 g Frischkäse
 (Doppelrahmstufe)
100 g Puderzucker
250 g kalte Sahne
rote fettlösliche Lebensmittelfarbe
 (nach Belieben)

Außerdem:
200 g Rosenkonfitüre

Zubereitung: 2 Std.
Backen: 55 Min.
Kühlen: 2 Std.
Schwierigkeit: 🧁🧁🧁

1. Für die Böden den Backofen auf 160° (Umluft; hier empfehlenswert) vorheizen, die Form einfetten. Das Mehl mit dem Backpulver und 1 Prise Salz sieben und 150 g Zucker dazugeben. Eigelbe mit Öl, Milch und Rosenwasser glatt rühren. Die Eiweiße langsam aufschlagen, dabei das Weinsteinbackpulver und 150 g Zucker einrieseln lassen. In ca. 5 Min. steif und glänzend schlagen. Die Eigelbmasse zur Mehlmischung hinzufügen und glatt rühren, die Orangenschale unterrühren. Zuletzt den Eischnee vorsichtig unterheben, den Teig in die Form füllen und im Backofen (Mitte) 50 – 55 Min. backen. In der Form abkühlen lassen, dann auf das Tortenblech stürzen.

2. Für die Creme die Kuvertüre über dem heißen Wasserbad schmelzen (siehe S. 23, Steps 1 und 2) und ca. 10 Min. abkühlen lassen. Frischkäse und Puderzucker ca. 5 Min. cremig aufschlagen und die Kuvertüre langsam dazurühren. Die Sahne unter Rühren dazugießen und die Creme nur so lange schlagen, bis sie an Volumen zugenommen hat (Achtung: Die Sahne darf nicht ausflocken!). Die Creme mind. 15 Min. kühl stellen.

3. Den Kuchen horizontal halbieren, den ersten Boden mit Konfitüre bestreichen und den zweiten Boden auflegen. Die Torte mit der Creme ummanteln und ca. 30 Min. kühl stellen. Übrige Creme mit dem Spritzbeutel als Teerosen rundum aufspritzen, dabei ein Drittel der Creme rot einfärben. Den Spritzbeutel zunächst senkrecht nach oben halten, jeweils in der Mitte beginnen und dann jede Rose kreisförmig um die Mitte herum von innen nach außen aufspritzen. Je weiter Sie bei einer Rose nach außen kommen, umso stärker den Spritzbeutel anwinkeln. Am äußeren Rand der Rose die Tülle jeweils zur Torte hin ziehen, sodass die Rose einen glatten Abschluss bekommt. Die Torte ca. 1 Std. kühl stellen. Das i-Tüpfelchen auf der Torte sind kleine weiße Blättchen, die sich ganz leicht aus Rollfondant herstellen lassen.

WICHTIGE UTENSILIEN: Springform, 18 cm Ø // 4 Rührschüsseln // Mehlsieb // Wasserbad // Metallschüssel // Tortenblech // Palette // Spritzbeutel mit offener Sterntülle (z.B. Tülle 1 M von Wilton), ca. 8 mm Ø

Hochzeitstorte im Ringellook

Am liebsten backe ich Hochzeitstorten! Es ist schön, an einem sehr besonderen Tag etwas Besonderes beisteuern zu dürfen. Diese Torte ist modern und extravagant. Sie kann in vielen Farben zubereitet werden, klassisch wird sie in Weiß und Rosé.

ZUTATEN:

Für die Dekormasse:
- 4 Eiweiß
- 140 g Puderzucker
- 140 g Mehl
- 80 g zerlassene Butter
- türkisfarbene Gel-Lebensmittelfarbe (nach Belieben)

Für die Böden:
- 3 Rezepte Wiener Biskuit (siehe S. 18)
- 50 g schwarze Sesam- oder Mohnpaste

Für die Mousse:
- 500 g Frischkäse (Doppelrahmstufe)
- 100 g Puderzucker
- ausgekratztes Mark von 1 Vanilleschote
- 500 g lauwarme, geschmolzene weiße Kuvertüre
- 250 g kalte Sahne

Außerdem:
- 200 g frische Beeren (z. B. Him-, Brom- oder Blaubeeren)
- 300 g Himbeerkonfitüre

1. Die Dekormasse wie bei den Limettentörtchen (siehe S. 82) herstellen und zugedeckt mind. 30 Min. kühl stellen. Die Silikonmatte auf ein Backblech legen und die 3 cm-Kuchenrandfolien-Streifen im Abstand von 3 cm über die ganze Länge auslegen. Die gekühlte Dekormasse gleichmäßig dünn auf die ganze Silikonmatte verstreichen. Ein zweites Blech mit Silikonmatte wie beschrieben mit 1,5 cm breiten Folienstreifen belegen und Dekormasse aufstreichen. Ein drittes Blech mit Silikonmatte nur mit Dekormasse einstreichen und dann mit dem Garnierkamm einmal ca. 5 mm breite Linien darüberziehen. Die Bleche mind. 30 Min. kühl stellen, dann die Folienstreifen entfernen, sodass breite Dekorstreifen entstehen (siehe S. 133, Bild 1).

2. Für die Dekorböden den Backofen auf 170° (Umluft; hier empfehlenswert) vorheizen. 1 Rezept Wiener Biskuit zubereiten, dabei vor dem Mehl die Sesam- oder Mohnpaste unterrühren. Die Masse gleichmäßig auf den drei Blechen mit Dekormasse verstreichen (siehe S. 133, Bild 2) und die Böden im Backofen 12 – 15 Min. backen. Dann abkühlen lassen.

3. Für die Tortenböden 2 Rezepte Wiener Biskuit nacheinander zubereiten und jeweils auf zwei mit Backpapier ausgelegten Backblechen verstreichen, sodass vier Biskuitplatten entstehen. Im Backofen jeweils 12 – 15 Min. backen, dann abkühlen lassen.

4. Für die Mousse Frischkäse, Puderzucker und Vanillemark cremig aufschlagen. Die Kuvertüre langsam unter Rühren dazugeben und die Masse 2 – 3 Min. aufschlagen. Die Sahne langsam unter Rühren dazugießen und alles noch 4 – 5 Min. aufschlagen (nicht zu lange, sonst flockt die Sahne aus!). Die Mousse in den Spritzbeutel füllen und kühl stellen.

Zubereitung: 2 Std. 20 Min.
Kühlen: mind. 7 Std.
Backen: 45 Min.
Schwierigkeit:

Tipp

Besonders romantisch wird diese Hochzeitstorte, wenn man sie noch mit farblich passenden essbaren Blüten dekoriert, wie hier mit Gartennelken (siehe Tipp S. 126).

5. Inzwischen die Biskuitplatten mit Dekormasse jeweils auf Backpapier stürzen und die Silikonmatten entfernen. Mit einem scharfen Messer und einem Lineal entlang der Streifen halbieren und jeweils auf eine Höhe von 10 cm schneiden (Bild 3). Es sollen je zwei Streifen mit gleichem Streifenmuster entstehen, die aneinandergelegt werden können. Die 3 Back- oder Dessertringe mit den Biskuitstreifen auskleiden. Alle Streifen mit mind. 1 cm Überlänge zuschneiden. Die Überlängen an den Enden fest in den Backring pressen, sodass die Enden möglichst nicht sichtbar sind.

6. Aus den anderen 4 Biskuitplatten je 3 Böden von 10, 15 und 20 cm Ø ausschneiden. Die Tortenpappen unter die Backringe legen und jeweils den ersten Boden in den ausgekleideten Backring mit passender Größe legen. Die Kanten von Boden und Streifenrand sollten dabei bündig abschließen.

7. Die Beeren verlesen und ggf. waschen. Die Konfitüre kurz erhitzen und jeweils etwas davon auf den eingelegten Böden verstreichen. Die Mousse jeweils ca. 2 cm dick aufspritzen und ein paar Beeren darauf verteilen. Den nächsten Boden auflegen und mit wenig Konfitüre tränken. Die Mousse ca. 1,5 cm dick aufspritzen und übrige Beeren daraufgeben. Die letzten Böden auflegen und die restliche Creme bis zum Rand der Backringe aufstreichen, die Oberfläche mit der Palette glatt streichen. Mind. 6 Std. kühl stellen.

8. Die Torten vorsichtig aus den Backringen lösen (siehe Tipp S. 92). 15 Holzstäbchen kreisförmig als Stützen in die größte Torte stecken, in die mittlere Torte 11 Holzstäbchen. Die Torten vorsichtig mithilfe der Palette aufeinandersetzen (Bild 4). Kleine Schäden in der Oberfläche mit der Palette glatt streichen. Bis zum Servieren kühl stellen.

WICHTIGE UTENSILIEN: 4 Rührschüsseln // 7 Backbleche, ca. 1,8 cm tief // 3 Silikonmatten, passend zum Blech // PVC-Kuchenrandfolie, in Streifen geschnitten, 3 und 1,5 cm Breite, jeweils Blechlänge // Garnierkamm mit ca. 1 cm Abständen // Palette // Spritzbeutel mit großer Lochtülle // Lineal // 3 Backringe oder Dessertringe, ca. 11, 16 und 21 cm Ø, 10 cm Höhe // Tortenpappen, 16, 21 und 26 cm Ø // Topf // 26 Holzstäbchen, 1 cm Ø, 12 cm Höhe

Hochzeits-Erdbeer-Tower

Wir hatten früher ein großes Erdbeerbeet im Garten, und wenn die Früchte reif waren, machte meine Mutter eine köstliche Erdbeertorte. Diese große Erdbeertorte ist meine persönliche Liebeserklärung an den Sommer.

ZUTATEN:

Für die Böden:
1 Rezept Wiener Biskuit
   (siehe S. 18)
Butter für die Form

Für die Mousse:
400 g passiertes Erdbeerpüree
   (aus sonnengereiften Früchten;
   siehe Tipp S. 136)
100 g Zucker
½ TL gemahlener Kardamom
4 g Agar-Agar
500 g Mascarpone
200 g Sahne

Außerdem:
200 g Johannisbeergelee
200 g Sahne
2 Päckchen Sahnesteif
500 g frische Erdbeeren

1. Für die Böden den Backofen auf 170° (Umluft; hier empfehlenswert) vorheizen, sämtliche Springformen einfetten. Den Wiener Biskuit zubereiten und auf die Springformen bis jeweils ca. 3 cm unter dem Rand verteilen. Im Backofen 20 – 25 Min. backen, dann abkühlen lassen.

2. Für die Erdbeermousse das Erdbeerpüree (siehe Tipp S. 136) mit Zucker, Kardamom und Agar-Agar in einem Topf unter Rühren aufkochen. In eine Schüssel umfüllen und abkühlen lassen. Die Mascarpone und die Sahne mit den Schneebesen des Handrührgeräts oder der Küchenmaschine in 3 – 4 Min. cremig aufschlagen. Ein Drittel der Mascarponemasse unter das Erdbeerpüree rühren. Die restliche Mascarponemasse in zwei Schritten vorsichtig mit einem Teigschaber unterheben. Die Mousse in den Spritzbeutel füllen und bis zur Verwendung kühl stellen.

3. Die Biskuitböden mit dem Sägemesser horizontal halbieren, sodass pro Springform zwei Böden von ca. 2,5 cm Höhe entstehen (insgesamt acht Böden). Eventuell die Oberseiten begradigen. Die beiden Backringe mit Kuchenrandfolie auskleiden und die Tortenpappen hineinlegen.

4. Das Gelee in einem Topf kurz aufkochen. Jeweils den ersten Boden in den Backring legen und etwas Gelee mit dem Backpinsel darauf verstreichen. Den Spritzbeutel vorne abschneiden und die Erdbeermousse ca. 1 cm dick gleichmäßig auf den Böden aufspritzen (siehe S. 137, Bild 1). Mit den übrigen Böden genauso weiterarbeiten und die letzten Böden oben auflegen. Die Torten auf die gleiche Weise aufbauen, dann mind. 4 Std. kühl stellen.

Zubereitung: 1 Std. 30 Min.
Backen: 25 Min.
Kühlen: mind. 5 Std.
Schwierigkeit: 🧁🧁🧁

Tipp

Es lohnt sich, diese Torte nur mit wirklich sonnengereiften Erdbeeren zuzubereiten. Für das Püree die Früchte waschen, verlesen (TK-Ware rechtzeitig auftauen lassen!) und in einem hohen Rührbecher mit dem Stabmixer pürieren. Anschließend durch ein Sieb streichen (passieren), um kleine Kerne und Schalenreste zu entfernen.

5. Die Torten vorsichtig aus den Backringen lösen (siehe Tipp S. 92) und die Kuchenrandfolie vorsichtig abziehen. Die Sahne mit dem Sahnesteif aufschlagen und die Torten damit jeweils ca. 1 cm dick mit der Palette ummanteln. Die Sahne mit der Teigkarte glatt ziehen und mit dem Garnierkamm rundum mit einem Muster verzieren (Bild 2). Die Torten nochmals ca. 1 Std. kühl stellen.

6. Dann die Strohhalme kreisförmig in die größere Torte stecken (Bild 3) und die kleinere Torte mithilfe der Palette vorsichtig daraufsetzen. Die Erdbeeren putzen und waschen, 1 schöne Beere mit Grün beiseitelegen und die restlichen Früchte in dünne Scheiben schneiden. Die unteren Tortenränder mit den Erdbeerscheiben dekorieren (Bild 4), die beiseitegelegte schöne Frucht halbieren und oben aufsetzen. Bis zum Servieren kühl stellen.

WICHTIGE UTENSILIEN: 2 Springformen, 18 cm Ø // 2 Springformen, 12 cm Ø // 2 Töpfe // 2 Rührschüsseln // Einmalspritzbeutel // 2 Backringe, 12 und 18 cm Ø // Tortenpappen, 18 und 12 cm Ø // 2 PVC-Kuchenrandfolien, 15 cm Höhe, ca. 40 und 58 cm lang // Palette // Teigkarte // Garnierkamm // 5 dicke Strohhalme, 15 cm lang

HAUTE COUTURE

Handtaschen-Torte

*Mein Schrank ist voll mit Handtaschen, Stoffbeuteln und hübschen Koffern.
Mit dieser Kreation hat es meine weibliche Marotte sogar aus dem
Schrank auf den Kaffeetisch geschafft.*

ZUTATEN:

Für den Biskuit:
1 Rezept Wiener Biskuit
 (siehe S. 18)
Butter für den Backrahmen

Für die Füllung:
200 g Frischkäse
50 g Puderzucker
ausgekratztes Mark von
 1 Vanilleschote
200 g lauwarme, geschmolzene
 weiße Kuvertüre
100 g Sahne
100 g Himbeeren (frisch oder TK)

Für die Dekoration:
1,2 kg Rollfondant
500 g Marzipanrohmasse
200 g Puderzucker
Gel-Lebensmittelfarben
 (nach Belieben, dazu Gold
 oder Silber)
½ Rezept Eiweißspritzglasur
 (siehe S. 24)
klarer Alkohol zum Ankleben
 (z. B. Wodka, ersatzweise Wasser)
Puderzucker zum Arbeiten

1. Am Vortag 200 g Rollfondant auf der mit Puderzucker bestäubten Arbeitsfläche ca. 3 mm dick ausrollen und mit dem Ausstecher einen großen Knopf ausstechen. Mit dem Zahnstocher Knopflöcher einstechen oder den Knopf nach Belieben verzieren. Nach Belieben auch Quasten und Adressanhänger aus dem Rollfondant formen. Über Nacht trocknen lassen.

2. Am nächsten Tag für den Biskuit den Backofen auf 170° (Umluft; hier empfehlenswert) vorheizen. Den Backrahmen einfetten und auf das mit Backpapier ausgelegte Backblech stellen. Den Wiener Biskuit zubereiten und in den Backrahmen füllen. Im Backofen (Mitte) 25 – 30 Min. backen, dann abkühlen lassen.

3. Für die Füllung den Frischkäse und den Puderzucker in 1 – 2 Min. cremig aufschlagen und das Vanillemark unterrühren. Die lauwarme Kuvertüre langsam unter Rühren dazugeben und auf mittlerer Stufe ca. 1 Min. cremig aufschlagen. Die Sahne langsam dazugießen und alles auf mittlerer bis hoher Stufe ca. 2 Min. aufschlagen, dann kühl stellen.

4. Die Himbeeren verlesen und ggf. waschen, TK-Ware leicht antauen lassen. Die Biskuitplatte quer halbieren, aus jeder Hälfte ein großes Rechteck (21 x 15 cm) sowie ein kleines Rechteck (10,5 x 15 cm) schneiden. Die beiden kleinen Rechtecke als mittleren Boden verwenden und aneinanderlegen.

5. Etwas Creme auf ein großes Biskuitrechteck streichen und die Hälfte der Himbeeren darauf verteilen. Wieder etwas Creme darauf verteilen und mit der Palette glatt streichen. Als zweite Biskuitschicht die zwei kleinen Rechtecke darauflegen und gut andrücken, ebenfalls mit Creme und Himbeeren nebeneinander bestreichen. Zuletzt den dritten Biskuit auflegen und die Torte mind. 1 Std. kühl stellen.

Zubereitung: 1 Std. 40 Min.
Trocknen: über Nacht
Backen: 30 Min.
Kühlen: mind. 4 Std.
Schwierigkeit: 🧁🧁🧁

Tipp

Für den Lederlook eignet sich Strukturfolie in Krokodilleder-Optik, die man mehrmals verwenden kann.

6. Die Längsseite des Kuchens auf einer Seite zuschneiden, sodass er aufrecht stehen kann (Bild 1). Die Vorder- und Rückseite auf der oberen Hälfte schräg zuschneiden. Den Kuchen mit der restlichen Füllung rundum mit der Palette ummanteln. Die Oberfläche glatt streichen und die Torte ca. 1 Std. kühl stellen.

7. Inzwischen für die Dekoration die Marzipanrohmasse mit Puderzucker verkneten und ca. 5 mm dick ausrollen. Mithilfe des Rollstabs die Marzipanplatte anheben und die Torte damit einkleiden. Mit den Händen glatt streichen sowie Falten und Ränder der Handtasche ausarbeiten. Marzipanüberschuss an den Rändern mit einem scharfen Messer abschneiden.

8. Den übrigen Rollfondant einfärben und ca. 800 g davon auf der Strukturfolie ca. 5 mm dick ausrollen (Bild 2, siehe Tipp). Den Marzipanüberzug mit wenig Alkohol befeuchten. Den Rollfondant mithilfe des Rollstabs anheben und die Torte damit einkleiden. Mit den Händen glätten sowie die Feinheiten wie beispielsweise die Falten ausarbeiten. Fondantüberschuss an den Rändern mit einem scharfen Messer abschneiden.

9. Für die Taschenklappe die übrigen 200 g Rollfondant auf der Strukturfolie ca. 5 mm dick ausrollen und ein in der Breite passendes und ca. 20 cm langes Rechteck ausschneiden. Auf der Rückseite der Tasche die Klappe mit wenig Wasser befestigen (Bild 3). Aus den Fondantschnittresten einen Trageriemen formen und mit wenig Alkohol oben befestigen. Wenig Eiweißspritzglasur einfärben und mit dem Papierspritzbeutel Steppnähte aufspritzen (Bild 4). Knopf, Quaste oder Adresshänger mit wenig Eiweißspritzglasur befestigen. Die Handtaschen-Torte noch ca. 2 Std. kühl stellen, bis die Glasur getrocknet ist.

WICHTIGE UTENSILIEN: runder Ausstecher, 2 – 3 cm Ø // Zahnstocher // Backrahmen, ca. 35 x 35 cm // Backblech // Rührschüssel // Palette // Rollstab // Strukturfolie // Papierspritzbeutel (siehe S. 25)

Kaffeeklatsch-Kekse

Ich habe die Kaffeeklatsch-Kekse schon öfter für Freunde als Einladung zu einer Kuchenschlacht gebacken. Sie lassen sich ideal vorbereiten und behalten lange ihr schönes Aussehen!

ZUTATEN:

Für die Kekse:
1 Rezept Mürbeteig (siehe S. 20)
Mehl zum Arbeiten

Für die Dekoration:
2 Rezepte Eiweißspritzglasur
 (siehe S. 24)
bunte Gel-Lebensmittelfarben
 (nach Belieben)
brauner, weißer oder Kandiszucker
Fondantblüten (siehe S. 22,
 nach Belieben)

Ergibt: 24 Stück
Zubereitung: 2 Std. 30 Min.
Backen: 12 Min.
Trocknen: mind. 12 Std.
Schwierigkeit: 🧁🧁🧁

1. Den Mürbeteig zubereiten und mind. 2 Std. oder über Nacht kühl stellen. Zwei Backbleche mit Backpapier auslegen. Den Teig auf der bemehlten Arbeitsfläche ca. 5 mm dick ausrollen. Die Keksvorlagen auf den Teig legen und mit einem kleinen spitzen Messer die Konturen ausschneiden (siehe S. 144, Bild 1). Falls Teig übrig bleibt, diesen erneut ausrollen und weitere Kekse ausschneiden. Die Kekse mit den Blechen ca. 30 Min. kühl stellen. Inzwischen den Backofen auf 180° vorheizen. Die Kekse im Backofen je nach Größe 8 – 12 Min. backen, bis sie goldbraun sind, dann abkühlen lassen.

2. Für die Dekoration die Eiweißspritzglasur zubereiten, immer nur wenig davon in der gewünschten Farbe einfärben. Die Glasur vorsichtig mit wenig Wasser verdünnen, bis die gewünschte Konturen-Konsistenz erreicht ist. Damit zuerst bei jedem Motiv die Außenkonturen mit einem Papierspritzbeutel aufspritzen (siehe S. 144, Bild 2).

3. Den Rest der Glasur mit etwas Wasser zu einer Ausfüll-Konsistenz verdünnen, sie sollte fast zähflüssig sein, aber auseinanderlaufen. In einen weiteren Spritzbeutel geben und damit die Konturen flächig ausfüllen (siehe S. 144, Bild 3), ggf. die Ränder mit dem Zahnstocher schließen (siehe S. 144, Bild 4). Mehrere Stunden trocknen lassen, bevor weitere Farben oder Konturen aufgetragen werden, damit die Farben nicht verlaufen. Alle Kekse vor dem Servieren mehrere Stunden oder am besten über Nacht trocknen lassen.

4. Für die Tasse wenig Eiweißspritzglasur beliebig einfärben. Konturen aufspritzen, ausfüllen, trocknen lassen. Dann mit wenig Glasur Konturen für die Tasseninnenseite aufspritzen, ausfüllen, trocknen lassen. Für die Tassendeko, hier Blumen, Glasur nach Belieben einfärben und aufspritzen.

5. Für das Milchkännchen etwas Eiweißspritzglasur beliebig einfärben. Konturen aufspritzen, ausfüllen, trocknen lassen. Dann mit wenig weißer Glasur Konturen für Milch aufspritzen, ausfüllen, trocknen lassen. Für das Kännchendekor, hier Blumen, Glasur beliebig einfärben und aufspritzen.

HAUTE COUTURE

Tipp

Anstelle der aufgemalten Blütendeko setze ich auch einfach Blüten aus Rollfondant (siehe S. 22) auf die Kekse.
Wenn Sie schlichtes Porzellan bevorzugen, gehen Sie doch bei den Farben für die Kaffeeklatsch-Kekse in die Vollen. So werden ihre kleinen Kunstwerke noch mehr in den Mittelpunkt gerückt!

6. Für die Kanne etwas Eiweißspritzglasur beliebig einfärben. Konturen aufspritzen, ausfüllen, trocknen lassen. Für das Kannendekor, hier Blumen, Glasur beliebig einfärben und aufspritzen.

7. Für die Zuckerdose etwas Eiweißspritzglasur beliebig einfärben. Konturen aufspritzen, ausfüllen, trocknen lassen. Dann mit wenig weißer Glasur Konturen für Zucker aufspritzen, ausfüllen, trocknen lassen. Mit braunem, weißem oder Kandiszucker bestreuen. Für das Zuckerdosendekor, hier Blumen, Glasur beliebig einfärben und aufspritzen.

8. Für die Torte wenig Eiweißspritzglasur beliebig einfärben. Konturen aufspritzen, ausfüllen, trocknen lassen. Glasur beliebig einfärben und die Tortendekoration aufspritzen.

9. Für die Tortenstücke wenig Eiweißspritzglasur wie die Torte einfärben. Damit Konturen für die Tortenoberseite aufspritzen, ausfüllen, trocknen lassen. Für die Teig- und Cremeschichten etwas Glasur gelb und rosa einfärben, jeweils drei bzw. zwei Teigschichten aufspritzen, ausfüllen und trocknen lassen.

WICHTIGE UTENSILIEN: 2 Backbleche // Rollstab // ausgeschnittene Vorlagen der Keksformen (siehe S. 152; Tasse, Milchkännchen, Kanne, Zuckerdose, dreistöckige Torte, Kuchenstück) // pro Farbe 2 Papierspritzbeutel (1 für die Konturen, 1 zum Ausfüllen der Konturen; siehe S. 25) // mehrere kleine Schüsseln // Zahnstocher

Cocktailparty-Kekse

*Chin-chin! So holen Sie sich ihre Cocktailparty in die Küche
– und zur Belohnung für die ganze Arbeit empfehle ich (danach oder auch dazu)
eines meiner Lieblingsgetränke: Sekt mit Himbeeren.*

ZUTATEN:

Für die Kekse:
1 Rezept Mürbeteig (siehe S. 20)
Mehl zum Arbeiten

Für die Dekoration:
2 Rezepte Eiweißspritzglasur
 (siehe S. 24)
bunte Gel-Lebensmittelfarben
Zucker
Erdnüsse (oder andere Nüsse)

Ergibt: 25 Stück
Zubereitung: 2 Std.
Backen: 12 Min.
Trocknen: mind. 12 Std.
Schwierigkeit: 🧁🧁🧁

WICHTIGE UTENSILIEN: 2 Backbleche // Rollstab // ausgeschnittene Vorlagen der Keksformen (siehe S. 154; Cocktailkleid, Smoking, Martiniglas, Longdrink, Nussschale) // pro Farbe 2 Papierspritzbeutel (1 für die Konturen, 1 zum Ausfüllen der Konturen; siehe S. 25) // mehrere kleine Schüsseln // Zahnstocher

1. Die Mürbeteigkekse und die Eiweißspritzglasur wie bei den Kaffeeklatsch-Keksen zubereiten (siehe S. 142). Alle Kekse vor dem Servieren mehrere Stunden oder am besten über Nacht trocknen lassen.

2. Für das Cocktailkleid wenig Glasur einfärben. Konturen aufspritzen und ausfüllen, trocknen lassen. Für den Gürtel wenig Glasur einfärben und aufspritzen, trocknen lassen. Die Konturen und Falten dünn nachziehen.

3. Für den Smoking wenig Glasur blau einfärben. Konturen aufspritzen und ausfüllen, trocknen lassen. Für das Hemd weiße Glasur als Kontur am Kragen und Ärmel aufspritzen und ausfüllen, trocknen lassen. Mit weißer Glasur in Konturenkonsistenz Kragen und Einstecktuch aufspritzen und ausfüllen. Nochmals etwas Glasur gold einfärben und Maschettenknöpfe und Knöpfe aufspritzen. Das Revers und die Krawatte blau ausfüllen.

4. Für das Martiniglas mit wenig Glasur die Kontur von Stil und Glasrand aufspritzen und den Stil ausfüllen, trocknen lassen. Glasur rosa einfärben, Glasinhalt aufspritzen und ausfüllen, trocknen lassen. Mit weißer Glasur einige Kohlesäureperlen aufspritzen. Den oberen Glasrand mit Glasur nachziehen und Zucker darüberstreuen, Zuckerüberschuss entfernen.

5. Für den Longdrink mit wenig Glasur die Kontur aufspritzen, trocknen lassen. Glasur in zwei Farben einfärben. Für den Glasinhalt erst eine Farbe auf der oberen Hälfte aufspritzen und ausfüllen, dann die zweite Farbe unten aufspritzen und ausfüllen. Die Farben sollen ineinanderlaufen, dann trocknen lassen. Wenig Glasur für die Orangenscheibe orange einfärben, aufspritzen und ausfüllen, trocknen lassen. Die Orangenkonturen mit etwas weißer Glasur aufspritzen, trocknen lassen. Wenig Glasur für den Strohhalm rot einfärben, aufspritzen und ausfüllen, trocknen lassen.

6. Für die Nussschale wenig Glasur grün einfärben. Konturen aufspritzen und ausfüllen, trocknen lassen. Mit weißer Glasur Konturen für Nüsse aufspritzen und ausfüllen, mit Erdnüssen bestreuen. Für Schalendekor, hier das Wort »NUTS«, wenig Glasur beliebig einfärben und aufspritzen.

HAUTE COUTURE

Konversations-Kekse

*Für große Feste sind diese Kekse perfekt: feine,
selbst gemachte Platzkarten, und eine gute Gelegenheit, um ins Gespräch zu kommen.
Und für mich der Moment, mich bei Ihnen zu bedanken!*

ZUTATEN:

Für die Kekse:
1 Rezept Mürbeteig (siehe S. 20)
Mehl zum Arbeiten

Für die Dekoration:
2 Rezepte Eiweißspritzglasur
 (siehe S. 24)
bunte Gel-Lebensmittelfarben

Ergibt: 32 Stück
Zubereitung: 2 Std.
Backen: 12 Min.
Trocknen: mind. 12 Std.
Schwierigkeit:

1. Die Mürbeteigkekse und die Eiweißspritzglasur wie bei den Kaffeeklatsch-Keksen zubereiten (siehe S. 142). Für die Ornamente oben eventuell ein Loch zum Aufhängen in die Kekse stechen. Alle Kekse vor dem Servieren mehrere Stunden – oder am besten über Nacht – trocknen lassen.

2. Für das Herz wenig Eiweißspritzglasur rot einfärben oder weiß lassen. Die Konturen aufspritzen und ausfüllen, trocknen lassen. Die Glasur für Dekoration und Namen beliebig einfärben und aufspritzen.

3. Für das Rechteck wenig Eiweißspritzglasur beliebig einfärben. Die Konturen aufspritzen und ausfüllen, trocknen lassen. Die Glasur für Dekoration und Namen beliebig einfärben und aufspritzen. Nach Belieben noch Zuckerherzen oder Fondantblüten mit etwas Glasur ankleben.

4. Für das Ornament wenig Eiweißspritzglasur beliebig einfärben. Die Konturen aufspritzen und ausfüllen (ggf. genügend Platz beim Loch lassen), trocknen lassen. Die Glasur für Dekoration und Namen beliebig einfärben und aufspritzen.

5. Für die Sprechblase wenig Eiweißspritzglasur beliebig einfärben. Die Konturen aufspritzen und ausfüllen, trocknen lassen. Die Glasur für Dekoration und Schrift beliebig einfärben und aufspritzen.

WICHTIGE UTENSILIEN: 2 Backbleche // Rollstab // ausgeschnittene Vorlagen der Keksformen (siehe S. 155; Rechtecke, Herzen, Ornamente, Sprechblase) // pro Farbe 2 Papierspritzbeutel (1 für die Konturen, 1 zum Ausfüllen der Konturen; siehe S. 25) // mehrere kleine Schüsseln // Zahnstocher

Vorlagen für Torten

Diese Vorlagen können Sie aus dem Buch auf weißes Papier kopieren und als Dekoration aufstecken (wie bei der Damenwahl) oder als Schablone verwenden (wie bei der Spitzenblusen-Torte).

Damenwahl

Für die Törtchen die drei Damen je viermal 1:1 kopieren. Ausschneiden und je zwei mit einem Zahnstocher dazwischen zusammenkleben. Wer will, klebt noch die Gesichter der eingeladenen Gäste ein – einfach aus alten Fotos ausschneiden und in die Gesichter der Damen einpassen.

Damenwahl:
S. 112 – 115

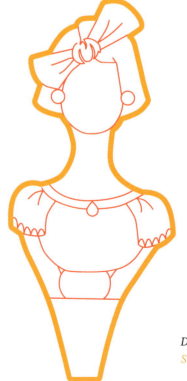

Damenwahl:
S. 112 – 115

Spitzenblusen-Torte

Diese Vorlagen dienen als Schablone für die Knopfleiste sowie den Kragen aus schwarzem Rollfondant. Bitte jeweils 1:2 kopieren, also um 100 % vergrößern!

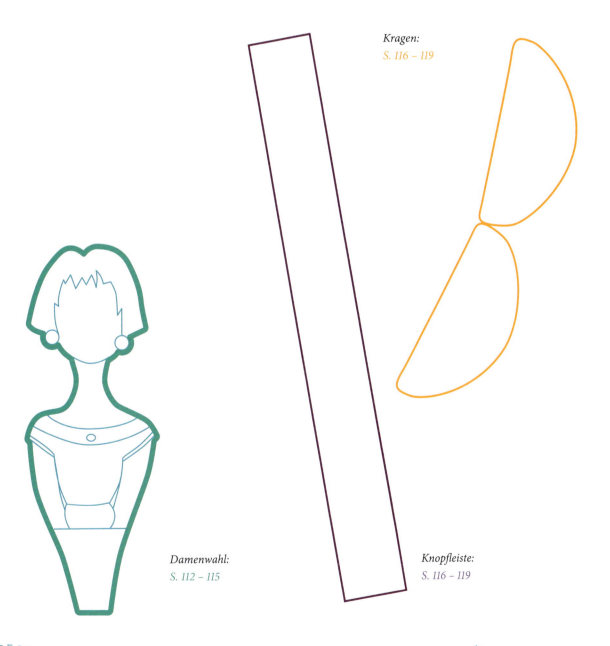

Kragen:
S. 116 – 119

Damenwahl:
S. 112 – 115

Knopfleiste:
S. 116 – 119

Vorlagen für Kekse

Bei den Keksen im letzten Kapitel sind Form und Dekoration entscheidend. Kopieren Sie die Vorlagen 1:1 auf festes Papier, schneiden Sie die Formen aus und legen Sie sie direkt auf den Mürbeteig.

Kaffeeklatsch-Kekse

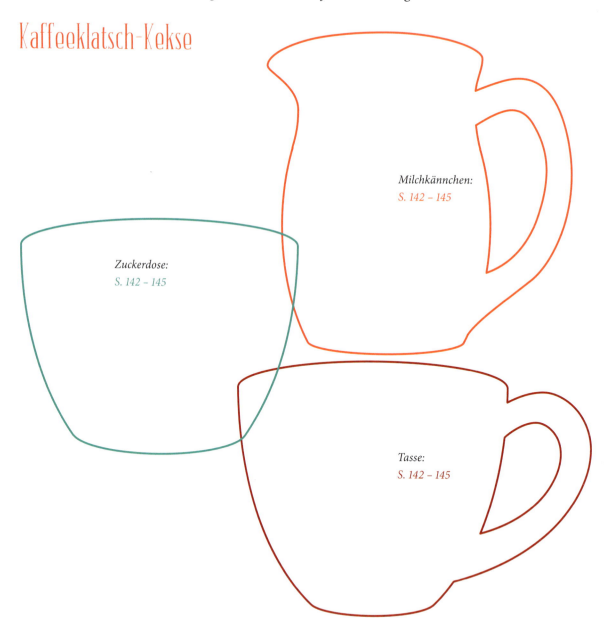

Milchkännchen:
S. 142 – 145

Zuckerdose:
S. 142 – 145

Tasse:
S. 142 – 145

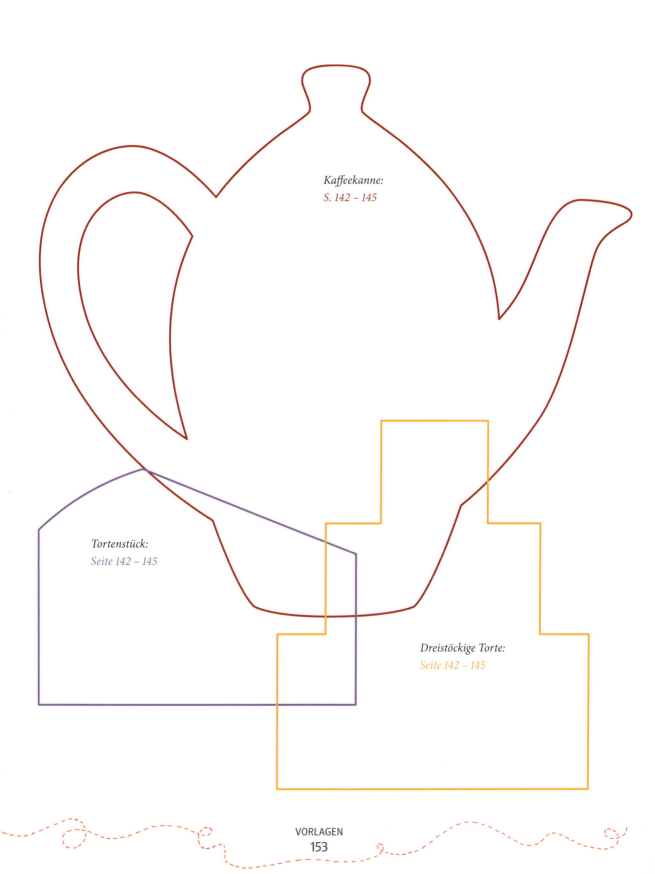

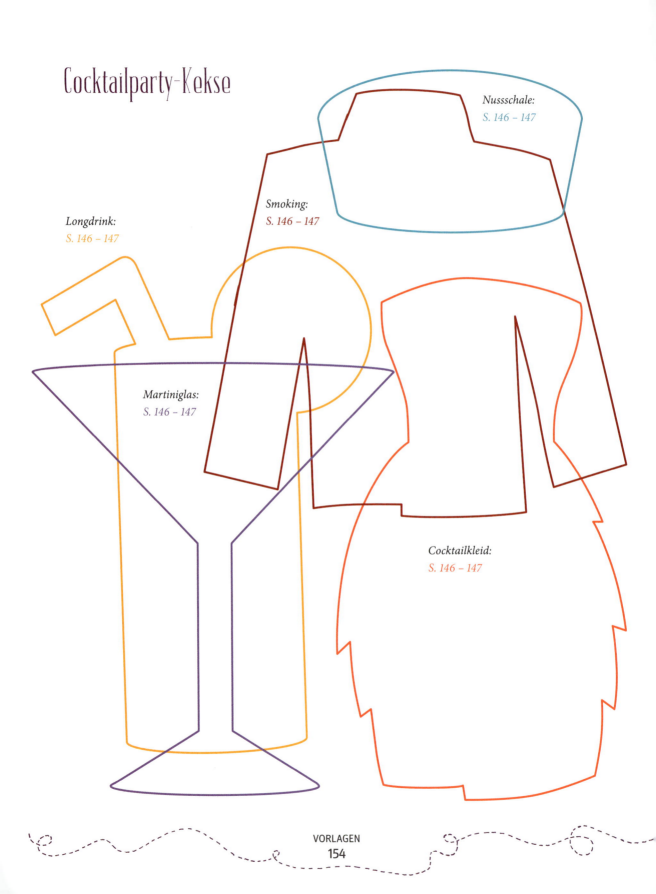

Konversations-Kekse

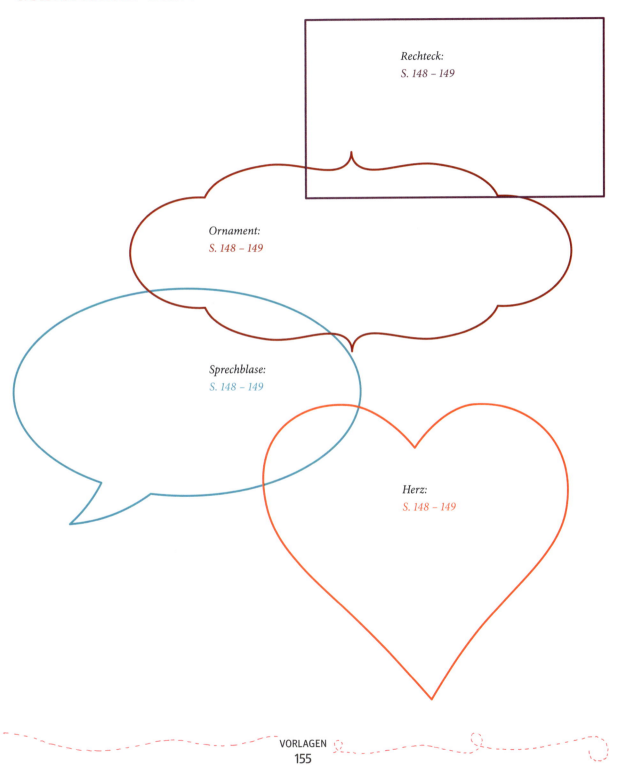

Rechteck:
S. 148 – 149

Ornament:
S. 148 – 149

Sprechblase:
S. 148 – 149

Herz:
S. 148 – 149

Register

A

Ahornsirup: Bananenbrot mit Walnüssen und Ahornsirup 96
Apfel: »Sesam öffne dich!« 71

B

Bananenbrot mit Walnüssen und Ahornsirup 96
Beeren
   Hochzeitstorte im Ringellook 130
   Schaumkuss-Eistüten mit Beeren 50
   Veilchen-Teilchen 68
Biskuit
   Klassischer Biskuit (Tipp) 18
   Limettentörtchen im Streifenhemd 82
   Matcha-Roulade mit Sauerkirschen 95
   »Sesam öffne dich!« 71
   Wiener Biskuit (Grundrezept) 18
Blondies 53
Blüten aus Rollfondant 22
Bollywood Popcorn 31
Brandteig
   Croque en Bouche 124
   Eclairs 74
Brownies 52
Bunter französischer Nougat 44
Buttermilch-Cupcakes mit Lemon Curd 61

C

Cakepops: Zitronen-Cakepops 64
Cheesecake-Zylinder Semifreddo 66
Cocktailparty-Kekse 146
Crêpes: Gateau des Crêpes mit Rosencreme 86
Croque en Bouche 124
Cupcakes
   Buttermilch-Cupcakes mit Lemon Curd 61
   Mini-Cupcakes mit Himbeercreme 62
Curd
   Buttermilch-Cupcakes mit Lemon Curd 61
   Hanseatische Ecken 36
   Mini-Pralinen im Zuckermantel 32
   Pink-Flamingo-Küsse 30

D

Damenwahl 113
Dekormasse
   Limettentörtchen im Streifenhemd 82
   Hochzeitstorte im Ringellook 130
Domino-Fondant-Törtchen 59
Doughnuts, Mini- 58

E

Eclairs 74
Eiweißspritzglasur
   Blüten aus Rollfondant 22
   Cocktailparty-Kekse 146
   Fairy Cakes 63
   Grundrezept 24
   Handtaschen-Torte 138
   »Herrentorte« 120
   Kaffeeklatsch-Kekse 143
   Konversations-Kekse 148
   Spitzenblusen-Torte 116
Erdbeeren
   Hochzeits-Erdbeer-Tower 134
   Weißer Erdbeer-Fudge 46
   Erdnuss-Karamell-Riegel 41

F

Fairy Cakes 63
Fondant
   Domino-Fondant-Törtchen 59
   Eclairs 74
   Fairy Cakes 63
   Grundrezept 21
   Handtaschen-Torte 138
   Hanseatische Ecken 36
   »Herrentorte« 120
   Mini-Doughnuts 58
   Spitzenblusen-Torte 116
Fudge
   Schokoladen-Fudge mit Orange 47
   Weißer Erdbeer-Fudge 46

G

Ganache
   Macarons 54
   Lakritz-Karamell-Tarteletts 89
Gâteau des Crêpes mit Rosencreme 86
Gewürzgugelhupfe, Mini- 108
Gezuckerte Rosen (Tipp) 86
Grissini: Orangen-Grissini im Schokoladenmantel 28
Gugelhupf: Mini-Gewürzgugelhupfe 108

H

Haferkekse mit Kirschen 39
Handtaschen-Torte 138
Hanseatische Ecken 36
Hefeteig
   Mini-Doughnuts 58
   Orangen-Grissini im Schokoladenmantel 28
   »Herrentorte« 120
Himbeeren
   Mohntorte mit Himbeeren 106

Mini-Cupcakes mit Himbeercreme 62
Hippenteig
Mini-Rumkugel-Waffeln 35
Schaumkuss-Eistüten mit Beeren 50
Hochzeitstorten
Hochzeits-Erdbeer-Tower 134
Hochzeitstorte im Ringellook 130
Honeycomb-Riegel mit Mandeln 43
Honig
Honeycomb-Riegel mit Mandeln 43
Lavendel-Honig-Trüffel 34

I

Ingwer: Möhrentorte mit Ingwer 98

K

Kaffeeklatsch-Kekse 143
Karamell
Erdnuss-Karamell-Riegel 41
Karamellriegel mit Brezelboden 42
Lakritz-Karamell-Tarteletts 89
Macadamia-Schokoladen-Torte mit Salzkaramell 102
Käsekuchen ohne Boden 81
Kekse
Cocktailparty-Kekse 146
Haferkekse mit Kirschen 39
Hanseatische Ecken 36
Kaffeeklatsch-Kekse 143
Konversations-Kekse 148
Schokoladen-Cookies mit Walnüssen 38
Kirschen
Haferkekse mit Kirschen 39
Matcha-Roulade mit Sauerkirschen 95

Klassischer Biskuit (Tipp) 18
Konfetti-Törtchen 72
Konversations-Kekse 148
Kuvertüre temperieren (Grundtechnik) 23

L

Lakritz-Karamell-Tarteletts 89
Lavendel-Honig-Trüffel 34
Limettentörtchen im Streifenhemd 82

M

Macadamia-Schokoladen-Torte mit Salzkaramell 102
Macarons 54
Matcha-Roulade mit Sauerkirschen 95
Mini-Cupcakes mit Himbeercreme 62
Mini-Doughnuts 58
Mini-Gewürzgugelhupfe 108
Mini-Pralinen im Zuckermantel 32
Mini-Rumkugel-Waffeln 35
Mohntorte mit Himbeeren 106
Möhrentorte mit Ingwer 98
Muffins: Fairy Cakes 63
Mürbeteig
Cheesecake-Zylinder Semifreddo 66
Cocktailparty-Kekse 146
Croque en Bouche 124
Grundrezept 20
Hanseatische Ecken 36
Kaffeeklatsch-Kekse 143
Konversations-Kekse 148
Lakritz-Karamell-Tarteletts 89
Veilchen-Teilchen 68

N/O

Nougat: Bunter französischer Nougat 44

Orangen
Orangen-Grissini im Schokoladenmantel 28
Schokoladen-Fudge mit Orange 47

P

Papierspritzbeutel falten (Grundtechnik) 25
Pink-Flamingo-Küsse 30
Popcorn, Bollywood- 31
Pralinen: Mini-Pralinen im Zuckermantel 32

R

Riegel
Erdnuss-Karamell-Riegel 41
Honeycomb-Riegel mit Mandeln 43
Karamellriegel mit Brezelboden 42
Rollfondant, Blüten aus (Grundtechnik) 22
Rosen
Gezuckerte Rosen (Tipp) 86
Gâteau des Crêpes mit Rosencreme 86
Rote Bete: Schokoladentorte mit Roter Bete 90
Roulade: Matcha-Roulade mit Sauerkirschen 95
Rührteig
Buttermilch-Cupcakes mit Lemon Curd 61
Damenwahl 113
»Herrentorte« 120
Konfetti-Törtchen 72
Mini-Rumkugel-Waffeln 35
Schokoladen-Rührteig (Grundrezept) 17
Vanille-Rührteig (Grundrezept) 16
Zitronen-Cakepops 64

Rumkugeln: Mini-Rumkugel-Waffeln 35

S

Salzkaramell: Macadamia-Schokoladen-Torte mit Salzkaramell 102

Schaumkuss-Eistüten mit Beeren 50

Schokolade
- Macadamia-Schokoladen-Torte mit Salzkaramell 102
- Orangen-Grissini im Schokoladenmantel 28
- Schokoladen-Cookies mit Walnüssen 38
- Schokoladen-Fudge mit Orange 47
- Schokoladen-Rührteig (Grundrezept) 17
- Schokoladentorte mit Roter Bete 90
- »Sesam öffne dich!« 71

Semifreddo: Cheesecake-Zylinder Semifreddo 66

Spitzenblusen-Torte 116

T

Teerosen-Torte 129

Temperieren, Kuvertüre (Grundtechnik) 23

Trockenfrüchte: Whisky-Torte mit Trockenfrüchten 97

Trüffel: Lavendel-Honig-Trüffel 34

V

Vanille-Rührteig (Grundrezept) 16

Veilchen-Teilchen 68

W

Waffeln
- Mini-Rumkugel-Waffeln 35

Schaumkuss-Eistüten mit Beeren 50

Walnüsse
- Bananenbrot mit Walnüssen und Ahornsirup 96
- Schokoladen-Cookies mit Walnüssen 38
- Weißer Erdbeer-Fudge 46
- Whisky-Torte mit Trockenfrüchten 97

Wiener Biskuit
- Grundrezept 18
- Handtaschen-Torte 138
- Hochzeits-Erdbeer-Tower 134
- Hochzeitstorte im Ringellook 130
- Spitzenblusen-Torte 116

Z

Zitronen
- Zitronen-Cakepops 64
- Zitronenjulienne 61

Danksagung

Es gibt viele Menschen, bei denen ich mich bedanken möchte. Für ihre Unterstützung an diesem Buch und ihren Glauben an mich und mein Talent.

Ein großer Dank geht an Sebastian Fuchs vom NDR. Ohne die Einladung zu einer bekannten Talkshow hätte ich nicht die Chance bekommen, dieses Buch zu schreiben.

Vielen Dank an den Verlag Gräfe und Unzer, besonders an Frau Ullerich und Frau Rademacker, meinen Herausgeber Ulf Meyer zu Kueingdorf für all seinen Einsatz und hilfreichen Rat, dem ganzen Team der Fotoproduktion für die Anstrengungen und Mühe, ein so schönes Buch entstehen zu lassen, und Frau Gritschneder für das Lektorieren meines Manuskripts.

Danke an meine Familien Seebacher, Eggers und Morris – ohne Euch wäre das alles nicht möglich gewesen. Meine großartigen Freunde, auch wenn ich die letzten Monate wenig Zeit mit Euch verbracht habe. Meinen tollen Mitarbeitern im Café »Liebes Bisschen«, die jeden Tag so viel Einsatz zeigen. Der größte Dank geht an Sebastian, den tollsten Mann der Welt: Dafür, dass Du deine Ideen, deinen Humor und deine Liebe mit mir teilst.

Das gesamte Team bedankt sich bei den Hamburger Designläden Lys Vintage (www.lys-vintage.de), Gustavia (www.gustavia.de) und Palais XIII (www.palais13.de), die mit ihren Produkten die Fotoproduktion unterstützt haben.

Bezugsquellen

Backformen, feste Rahmen, Fondant-Spitzenvorlagen (Makramee und Folklore) sowie Tüllen von Wilton, Schoko-Strukturfolie und Lolli-Stiele können Sie z. B. beziehen über:

- www.mastercuisine.eu
- www.tortissimo.de
- www.kdtorten.de
- www.torten-boutique.de

Besondere Zutaten wie Glukosesirup, Lebensmittelfarben, Lakritzpaste, Sesampaste, gefriergetrocknete Beeren, getrocknete Kirschen, Veilchenzucker von Sosa etc. können Sie z. B. bestellen bei:

- www.bosfood.de
- www.tortissimo.de
- www.torten-boutique.de
- www.kdtorten.de
- www.confis-express.de

Zu guter Letzt würde ich mich natürlich freuen, wenn Sie mich in meinem Café oder auf meiner Website besuchen: www.liebes-bisschen.de

Impressum

Die Autorin
Laura Seebacher studierte Textiles Management, bevor sie sich entschied, ihre Leidenschaft für Süßes zum Beruf zu machen, und eine Ausbildung an der renommierten Le-Cordon-Bleu-Kochschule in London absolvierte. Mit ihrem kleinen Café »Liebes Bisschen« im angesagten Hamburger Schanzenviertel hat sich die junge Patissière einen Traum erfüllt. Ihre Fangemeinde ist groß, denn ihren Sinn für Stil und Design entfaltet Laura Seebacher auch in der Backstube.

Die Fotografin
Elissavet Patrikiou lebt in Hamburg und arbeitet seit über 20 Jahren als freie Fotografin und Autorin für Verlage, Redaktionen und Unternehmen. Dabei hat sie sich auf Food- und Imagefotografie spezialisiert. Bei der Produktion dieses Buches wurde sie von Sarah Trenkle und Fabio Haebel (Foodstyling) sowie von Meike Stüber und Miriam Schlobben (Styling) unterstützt. Viele der Requisiten hat Christoph Kokott angefertigt.

Herausgeber:
Ulf Meyer zu Kueingdorf

Projektleitung: Kathrin Ullerich
Lektorat: Kathrin Gritschneder
Korrektorat: Petra Bachmann
Innen- und Umschlaggestaltung: Independent Medien-Design, Horst Moser, München
Herstellung: Susanne Mühldorfer
Satz: Griesbeckdesign, München
Reproduktion: Longo AG, Bozen
Druck & Bindung: Firmengruppe APPL, aprinta Druck, Wemding

Bildnachweis:
Alle Fotos: Elissavet Patrikiou

Syndication:
www.jalag-syndication.de

Umwelthinweis:
Dieses Buch ist auf PEFC-zertifiziertem Papier aus nachhaltiger Waldwirtschaft gedruckt.

© 2013 GRÄFE UND UNZER VERLAG GmbH, München
Alle Rechte vorbehalten. Nachdruck, auch auszugsweise, sowie die Verbreitung durch Film, Funk, Fernsehen und Internet, durch fotomechanische Wiedergabe, Tonträger und Datenverarbeitungssysteme jeglicher Art nur mit schriftlicher Genehmigung des Verlages.

1. Auflage 2013

ISBN 978-3-8338-3503-2

Liebe Leserin, lieber Leser,
haben wir Ihre Erwartungen erfüllt? Sind Sie mit diesem Buch zufrieden? Haben Sie weitere Fragen zu diesem Thema? Wir freuen uns auf Ihre Rückmeldung, auf Lob, Kritik und Anregungen, damit wir für Sie immer besser werden können.

GRÄFE UND UNZER Verlag
Leserservice
Postfach 86 03 13
81630 München
E-Mail:
leserservice@graefe-und-unzer.de

Telefon: 0800 / 723 73 33*
Telefax: 0800 / 501 20 54*
Mo-Do: 8.00–18.00 Uhr
Fr: 8.00–16.00 Uhr
(* gebührenfrei in Deutschland)

Ihr GRÄFE UND UNZER Verlag
Der erste Ratgeberverlag – seit 1722.

www.facebook.com/gu.verlag

Ein Unternehmen der
GANSKE VERLAGSGRUPPE